CW01671733

Dedica

Dalla mente al cuore

© Copyright Création "Vom Kopf ins Herz"

Casa Editrice, produzione e distribuzione - internazionale:
MENANI GmbH
Eichbergstraße 13
86935 Rott am Lech/Ammersee
Germania
Tel. +49 (0)8869 911 83-0
Fax +49 (0)8869 911 83-18
www.menani.de
info@menani.de

Autore: Franz X. Bühler
Illustrazioni: Pierre Bühler
Traduzioni: Anna Anzile

3. edizione riveduta - 2010
Volume 1

ISBN 978-3-941633-13-1

Una rosa per?

Perché un libro possa venire portato a termine ci vogliono molti collaboratori. Desidero ringraziare tutti coloro che mi hanno aiutato. Ringrazio Tilli la mia cara moglie, che durante la stesura del libro ha dovuto trascorrere molti giorni e molte notti da sola. Per la sua comprensione e la sua pazienza nel sopportare le notti rese insonni dalla mia agitazione. La ringrazio, perché leggendo il libro, da semplice lettrice mi ha dato degli spunti e consigli molto utili ad ottimarlo.

Ringrazio anche Heidy Gasser per la sua disponibilità come esperta scrittrice e lettrice; Barbara Wallimann, che con la sua conoscenza linguistica mi ha aiutato a scrivere in maniera corretta anche per gli occhi più critici. Ringrazio mia madre Emilie Bühler, che da buona madre e ottima correttrice mi ha sostenuto durante la stesura del manoscritto. Desidero ringraziare anche il Dott. Markus Wiggli, che con il suo sapere ha perfezionato il libro. E last but not least, Pierre Bühler (non parente), il quale con le sue delicate illustrazioni ha completato e arricchito l'opera. A tutti Grazie infinite!

L'autore Franz X. Bühler
(nato nel 1956 a Sursee in Svizzera)

Dopo un processo tutto personale, dal quale ha imparato molto, basa il suo insegnamento sull'esperienza pratica della vita e non sulla teoria. Una delle sue maggiori qualità è la capacità di rendere concetti, a volte complessi e difficili, semplici e comprensibili a tutti. L'autore si occupa da più di 30 anni dello studio attivo della vita e delle sue legittimità. Attraverso diversi corsi formativi, tra qui il Training mentale, la suggestopedia così come lo studio intensivo del subconscio, è approdato in funzione di trainer del NLP (Neuro Linguistic Programming) alla fisica quantistica e alla psicologia quantistica. In queste ha scoperto una scienza affascinante che appaga la sua esigenza di chiarezza ed efficacia. Bisogna sapere che per Franz X.Bühler, ogni essere umano è unico e prezioso, da trattare con la massima attenzione e il massimo rispetto. La sua assoluta certezza è il sapere che ogni persona ha nel profondo di sé grandi capacità che aspettano solo di essere risvegliate. Il compito, che lui si è prefisso, è risvegliare queste capacità assopite, mantenendo vive allo stesso tempo anche le proprie.
Franz X. Bühler è diventato famoso, grazie a moltissimi corsi di Training personali aiutando in maniera semplice, leggera e veloce molte persone a risolvere problemi quotidiani, a volte anche di profonda natura. La sua notorietà è dovuta anche ai suoi training per strategie di apprendimento, il seminario "Power-buch", il metodo "Ip-Mind, i seminari "camminare sulle braci", Il corso "diventare snelli e rimanere snelli" ed inoltre il suo lavoro nella prima vera scuola per Trainer mentali e Trainer della personalità, esercitando secondo la VSMPT.

Prefazione

«Il ventre maestro di tutte le arti»
(Persio Flacco, satirico romano, 34-62 d.C.)

Ogni giorno per 24 ore siamo immersi nella vita. Con i nostri organi sensoriali, occhi, orecchie, naso e bocca scopriamo e conosciamo il mondo che ci circonda. Alcune di queste esperienze vengono assimilate dalla nostra mente altre vanno direttamente al cuore.

Scopriamo così che: molte cose si trovano in contrapposizione. La persona di successo sa che ogni giorno deve orientarsi verso nuove esperienze e nuovi insegnamenti. Tutto questo può essere molto interessante e stimolante. Ogni nuova situazione preclude anche nuove possibilità. Sempre che si sia veramente predisposti a riconoscerle.

Ciò che il giorno precedente aveva ancora una validità assoluta, il giorno seguente deve venire nuovamente definito. Tutto questo accade molto spesso senza il nostro contributo personale.

Questa realtà fa si, che nelle persone aperte, la loro mente e la loro predisposizione vengano stimolate e spronate a voler plasmare e a voler vivere il futuro.

Le nostre esperienze e conoscenze sono, tra le altre cose, le basi fondamentali per una matura formazione di vita.

Già con il semplice fatto di saper che attraverso la mente abbiamo imparato e attraverso il cuore abbiamo percepito e assimilato, agiamo d'istinto cioè "di pancia" anche se tutto accade inconsciamente. Questo è positivo perché ci rende più sicuri nelle nostre azioni e nelle nostre attività.

Nel libro "Dalla mente al cuore" leggerà dei brevi racconti di esperienze, conoscenze, successi e anche qualche piccolo saggezza, vissute da altre persone, che lei potrà fare sue e trovare così nuovi spunti e nuove possibilità per la sua vita. In questo modo lei riconoscerà sempre più spesso la possibilità di dare forma alla propria vita, non solo in modo nuovo ma addirittura con più successo, e questo semplicemente ascoltando il "ventre".

Cara lettrice, caro lettore, glielo auguro con tutto il "ventre" - scusi – "con tutto il cuore"!

Peter Suter, Frick

Indice

II.
La più grande bottega per progetti, mete, desideri e sogni

III.
Strumenti per il successo - facili, semplici ed efficaci

IV.
Informazioni reali adatte per ogni giorno

VI.
Ricchezza - più che una sola parola afferrabile e fattibile

VII.
Consigli dei grandi pensatori - comprendere e mettere in pratica

VIII.
Abitudini che ti aiutano a progredire

IX.
Consigli che agevolano la vita

Consigli per una buona lettura

Che cosa ci vuol dire il signor Bühler con questo titolo? Dubita forse che io non sappia leggere un banale libro? "Non ci siamo proprio se parti dal presupposto che questo sia un libro banale." Per quelli che invece percepiscono che da questo libro si possano apprendere nuove ed affascinati idée, consiglio di proseguire la lettura.

La prima possibilità:
Divoralo dall'inizio alla fine. Raccogli le idée più costruttive, le esperienze, i consigli, anche quelle conoscenze vecchie di secoli. Falle tue, osservando attentamente il loro effetto sulla tua vita quotidiana. Oppure leggilo dall' inizio alla fine come fai con altri libri.

La seconda possibilità:
Se speranzoso vai alla ricerca di una massima giornaliera, apri una pagina a caso, e vedrai che "anche la casualità può aiutare in maniera sorprendente".

Terza opzione:
Leggi ogni giorno un solo capitolo, con curiosità e attenzione, rallegrandoti di ciò che scopri e attendendo pieno di entusiasmo il giorno seguente come se

sapessi con certezza di vincere al lotto. Dopo un paio di mesi rileggi il libro una seconda o anche una terza volta. Scommettiamo che scoprirai cose che prima ti erano sfuggite?

Quarta variante:
É la versione bibliomantica quasi mistica ed è solo per le persone predisposte agli esperimenti. Se sei interessato funziona così:

"Chiudi gli occhi e poniti una domanda chiara alla quale da molto tempo cerchi ardentemente una risposta. Sempre con gli occhi chiusi sfoglia il libro, aprilo ad una pagina qualsiasi. Quindi scegli con l'aiuto del tuo dito un punto qualsiasi della pagina." Adesso apri gli occhi. Su quale punto ti sei soffermato? Può essere, che proprio questo passaggio ti sappia dare delle ottime indicazioni per come risolvere il tuo caso.

Qualche volta può bastare un passaggio, altre volte l'intera pagina. Sii aperto e curioso, predisposto agli esperimenti, lasciati sorprendere. Nuove ed insolite idee possono essere una sorgente vitale ad accelerare un cambiamento nello sviluppo individuale. Colui che crede di sapere già tutto, di non avere bisogno di scoprire nulla, rimarrà prigioniero in una mentalità molto ristretta.

Pensaci: Quante scoperte sono state fatte negli ultimi 100 anni? Quante cose sono diventate realtà, anche se sembravano irrealizzabili? Cose che noi quotidianamente usiamo, dandole per scontate come la radio, la televisione, il computer, il treno ... e molte altre.

I.

Atteggiamenti che ti aiutano a progredire

Il diamante, pietra preziosa, nella sua forma primordiale, si presenta alla luce come pietra grezza dal colore chiaro e opaco. Le sue pregiatissime qualità sono nascoste e ancora da.... scoprire.
Scopri il diamante che c'è in te!

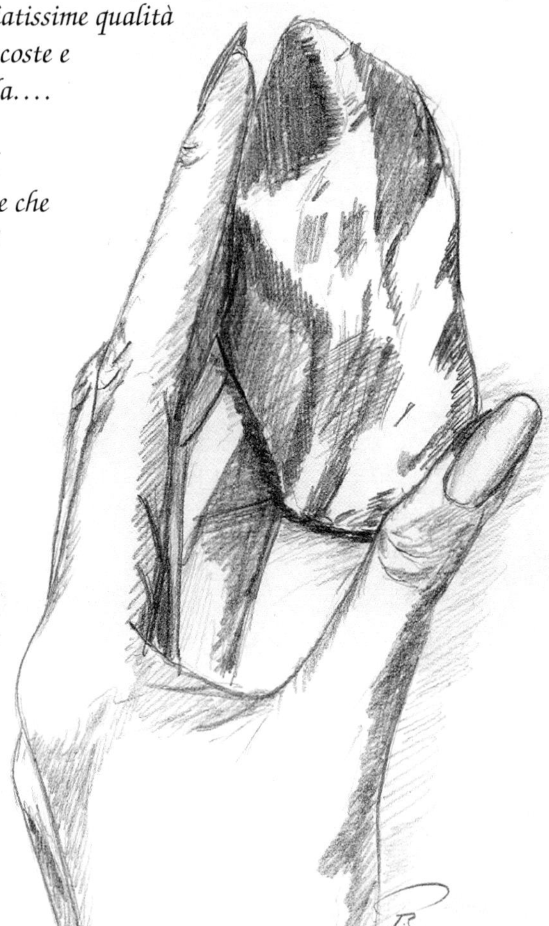

Si trovano in ogni persona ma molto spesso non vengono notati - i diamanti - che aspettano solo di essere scoperti e tagliati.

Vincitori e perdenti - la differenza

Il perdente è sempre parte di un problema.
Il vincitore è sempre parte della risposta.
Il perdente ha sempre una scusa.
Il vincitore ha sempre un programma.
Il perdente dice: "Questo non è lavoro per me."
Il vincitore dice: "Lascia che lo faccia io per te."
Il vincitore vede una risposta in ogni problema.
Il perdente vede un problema in ogni risposta.
Il perdente vede sempre il bicchiere mezzo vuoto.
Il vincitore vede sempre il bicchiere mezzo pieno.
Il perdente dice:
"Si potrebbe fare, ma è troppo difficile."
Il vincitore dice:
"Potrebbe essere difficile, ma si può fare."
Quali sono le tue risposte?

La casualità non esiste

Attenzione: proprio questa giornata potrebbe essere uno dei giorni più interessanti ed avvincenti della tua vita. Devi solo saper rispondere alla seguente domanda: Esiste la casualità oppure no?" Pensaci, non devi rispondere subito. Forse può aiutarti, a trovare la risposta, la seguente informazione: diversi scienziati possono dimostrare, grazie alle intensive ricerche svolte nel campo della fisica quantistica, che "Non esiste nessun caso. Esistono eventi, per i quali noi non possiamo ricostruire in modo cosciente la connessione, se non con cause stabilite prima e dopo l'accadere dell'evento stesso."

Tutto ciò è sbalorditivo! Se "la casualità" non esistesse veramente, potresti dedurre che le esperienze e conoscenze fatte da te durante la vita sono immagazzinate nel tuo supercomputer detto cervello. Questo materiale attira cose che tu forse non desideri o che vorresti avere in un altro modo. Incomincia ora ad osservare attentamente i "casi" che accadono nella tua vita. Se necessario prenditi tutto il tempo che ti serve. Anch'io da bravo elettronico razionale, ho raccolto più di 50 "casi", per poi dover accettare anche se di controvoglia, che i "casi" non esistono.

Domanda: "Che cosa ti è successo per caso negli ultimi tempi?"

La storia dell'aquila

C'era una volta un bellissimo uovo d'aquila che finì in un morbido nido sconosciuto.

Nonostante l'uovo avesse un aspetto molto diverso dalle altre uova, i polli dopo una lunga consultazione decisero di covarlo.

Passò del tempo e dall'uovo uscì un pulcino molto particolare. Crescendo i pulcini diventarono dei "veri polli". Un giorno l'aquilotto ormai anche lui cresciuto vide un grande uccello volteggiare maestosamente alto nel cielo. Sospirando disse: "Se solo potessi volare anch'io così". Questo era il suo più grande desiderio.

I polli agitati risposero: "Volare non fa per *quelli come noi*". È troppo pericoloso ed inoltre noi non possiamo volare così in alto". Se l'aquilotto imparerà a volare maestosamente o meno, dipenderà solo e solamente dal credere di essere uno di *quelli come noi* o se aprendo le sue potenti ali, proverà a spiccare il volo. Quante volte pensi che molte cose, belle e grandi, non siano fatte per te *per quelli come te*? Perché non ti ci butti e le fai?

Anche la strada più lunga si percorre facendo il primo passo

Quando incominciai a sentire il desiderio di scrivere questo libro, mi chiesi: "Quando potrò mai scriverlo, con tutti gli impegni che mi ritrovo?" Trovai subito una soluzione: "Se ogni giorno riesco a scrivere una pagina, nel giro di 168 giorni avrò completato il mio libro". Questo pensiero mi eccitò tanto, provocando in me una forte sensazione stimolante. Mi ritrovai così a scrivere più di una pagina al giorno ed il libro fu completato molto prima del previsto.

Quello che desidero dirti è: Qualsiasi meta tu abbia deciso di raggiungere, anche se lontana e difficile: "pensaci bene, progetta il tutto e poi passo dopo passo fiducioso e motivato arriva al tuo traguardo". Ricordati "Un chilometro è formato da mille passi, milioni di Euro sono la somma di singoli Euro, c'è bisogno del singolo passo e del singolo euro per ottenere il risultato finale."

Amore – materia solo per sognatori?

L'amore è forse la più grande forza che noi conosciamo? Che cosa significa questa domanda? Che attraverso l'amore tutto possa essere perfetto, tutto a posto, come se si vivesse continuamente al settimo cielo? No! Amare significa accettare tutte le caratteristiche di qualcuno, desiderarlo così com'é, non dubitarne mai.

Amare significa: "Indirizzare tutte le proprie energie verso ciò che il proprio cuore desidera. Lascia scorrere l'entusiasmo in tutto il tuo corpo e lascia esplodere l'eccitazione che ti provoca la tua fantastica idea. Diventa tu stesso parte di questa idea!".

Persone di successo si chiedono: "Che cosa amo in…? Che cosa posso fare per amare ancora di più? Che cosa rende così importante ... ? Che cosa può rendere più forte la mia convinzione che ... sia possibile?"

Io sono prezioso

Il fisico dei quanti Ulrich Warnke, ha stimato il valore dell'energia di un grammo di materia umana valutandola attorno al milione di dollari.

Dopo questa rivelazione, quale persona, con un minimo di intelligenza, può ancora dubitare del suo valore? Anche se questo è un valore puramente materiale, questa valutazione non basta. Per sentirti veramente pregiato ed essere convinto delle tue qualità interiori ed esteriori, devi sentir accrescere dentro di te l'assoluta certezza, che tutto ciò, è la verità assoluta. L'esercizio che ora ti propongo, ha esercitato in molte persone dei veri e propri miracoli. Poniti le seguenti domande: "Che cosa ti rende prezioso per le altre persone? Sono forse le tue esperienze, il tuo sapere, la fiducia che tu ispiri, la comprensione che tu dimostri? Quali sono le qualità che apprezzi di più in te stesso? Quali sono le esperienze da te già vissute, che possono ritornare utili, a te e forse ad altre persone?" Ecco ora rispondi per iscritto a queste domande. Leggile per 60 giorni consecutivi 3 volte al giorno.

Ricordati: la terza volta leggile poco prima di andare a letto. Tu non sei solo materia che si può toccare, tu sei anche tutto ciò che si trova nella tua mente. Questo ti rende unico e prezioso!

Dare peso ai dettagli, vuol dire arrendersi

(Ralph Krueger, allenatore della squadra nazionale svizzera di hockey)

Una disciplina ferrea è la chiave per il tuo successo. Se inizi a dare peso a dettagli insignificanti o a tollerarli, vuol dire che dentro di te si sta annidando un piccolo tiranno insignificante che sa come distoglierti dal tuo traguardo. Giorno per giorno distrugge le tue motivazioni, fino a ridurle in un cumulo di macerie abbandonato. Per far sì che tutto questo non accada, devi prefiggerti degli obiettivi intermedi, semplici da raggiungere. Ogni giorno poniti un solo obiettivo; lavora con disciplina e non smettere finché non hai raggiunto la tua meta.

Mettiti alla prova: "Quali sensazioni provi, quando ripercorrendo la giornata appena trascorsa, ti rendi conto di aver portato a termine tutto ciò che ti eri prefisso? Ne sei orgoglioso? Quali effetti a riscosso questa esperienza sulla tua fiducia personale - fiducia in te stesso?"

Credi nell'impossibile e l'impossibile diventerà possibile

(Ralph Krueger)

Nella nostra lingua, la parola impossibile ha un valore assoluto e pare non lasciare nessuna via d'uscita. Ma sarà poi vero? Non è forse vero proprio il contrario?

La parola "impossibile" è formata dal prefisso " im" e dalla parola "possibile". La sillaba im significa "non in questo modo". Quindi la parola "impossibile" significa semplicemente "in questo modo non è possibile". Questo ci fà capire che c'è sempre una via d'uscita. Il fatto è, che semplicemente non l'hai ancora trovata. Forse perché non sei ancora convinto di potercela fare.

Ora chiediti: "Cosa puoi fare già da oggi, per credere fermamente ad un risultato perfetto al 100%? Con la mente? Tramite l'agire?" Non è forse fantastico sapere che anche altre persone si sono trovate prima di te nella stessa ingarbugliata situazione e ci sono riusciti? "Quello che gli altri hanno realizzato lo puoi realizzare anche tu. Perché anche tu lavori seguendo le stesse istruzioni e secondo le stesse leggi."

Hai un Problema? Bene! Significa che vivi!

(Napoleon Hill, allenatore sviluppo personale)

Chissà come mai molte persone hanno un gran bel daffare con la parola "problema"? Desideri veramente non aver più alcun problema e tanto meno sfide? Io conosco un solo posto dove le persone non hanno più problemi: il cimitero! Ricordati, i problemi che abbiamo superato, ci rendono più forti, più esperti e da certi punti di vista anche più pregiati.

Rifletti: "Non puoi avere un problema, o chiamala pure sfida, senza avere già dentro di te il seme della soluzione." Questa è pura e semplice polarità. Spero che sapere questo, ti faccia diventare più forte e più sicuro nell'affrontare il problema, invece di raggirarlo o lasciarti sopprimere da esso. Credimi: "Cercare di raggirare un problema non serve a nulla, l'ho provato troppo spesso non funziona proprio. Mi ci sono scontrato continuamente ritrovandomelo davanti, cambiato nella forma ma la sostanza era la stessa." Affrontalo e analizzalo e chiediti: "Quale comportamento ti ha portato in questa situazione? Dopo averlo riconosciuto e capito, cambialo!"

Ne rimarrai sbalordito!

Insuccessi

Per molte persone gli insuccessi sono esperienze demotivanti che costano molta energia e che li allontanano dai loro obiettivi. Molte volte l'effetto degli insuccessi è ancora più negativo perché molte persone si lasciano talmente influenzare da vedere evaporare tutti i loro sogni come delle bollicine di sapone. Questo non deve accadere. Un insuccesso diventa "tale" nel momento in cui tu ne valuti il risultato. Non giudicare!

Non valutare mai! Gli insuccessi sono eventi esattamente come i successi. Da queste esperienze devi trarre insegnamento e far sì di non ripeterli, creando gli stessi risultati. Tutta la tua vita consiste in eventi "go, no - go". Già dal momento in cui hai iniziato a muovere i primi passi era così. Dopo 100 tentativi sicuramente non hai rinunciato a riprovarci, dicendoti "Non ci riuscirò mai." Hai provato e riprovato, finché ci sei riuscito, altrimenti ancora oggi avresti ginocchia sbucciate e andresti "a gattoni". Seguendo questo concetto potrai attingere forza ed aiuto anche dagli insuccessi: "Accetta ogni evento come un esito neutrale, come un investimento prezioso e di grande effetto educativo per il tuo processo di crescita".

Le persone più richieste sono quelle con esperienza. Le esperienze non hanno un contenuto imparato, bensì hanno un contenuto vissuto.

Una nave in porto è una nave al sicuro, ma non è stata costruita per rimanerci

Fai parte anche tu di quella categoria di persone, che rimangono molto più volentieri in un porto sicuro invece di tuffarsi tra le onde spumeggianti della vita? Nel caso fosse proprio così, credo sia giunto il momento di lasciare il porto. Vai alla scoperta del mondo e della vita: può essere un'esperienza fantastica! In te c'è nascosto un navigatore migliore di quanto tu creda. Programma il tuo viaggio e preparati ad affrontarlo. Vedrai che l'uso dei remi e delle vele sarà molto più semplice di quanto pensi e quello che ancora non conosci, lo imparerai viaggiando. Goditi gli spruzzi d'acqua, il vento che soffiandoti in faccia ti toglie il respiro, goditi la sfida. Le sfide sono le spezie della vita, quel "non so che" necessario per arricchire la nostra esistenza. Anzi sono molto più di questo: "Sono i tuoi veri amici, senza i quali tu non potresti andare avanti. Ti accompagnano verso nuove, e a te ancora sconosciute, rive della vita".

Adesso spiega la tua vela e salpa!

Solo chi desidera l'irraggiungibile riesce a raggiungerlo

Belle parole, ma che cosa succede nel caso io mi fossi prefisso una meta troppo pretenziosa e non riuscissi a raggiungerla? Il risultato garantito sarà sicuramente stress e frustrazione. No! No se tu rispetti e accetti la seguente regola: "Rallegrati ogni momento per quello che hai già raggiunto, anche se questo non è ancora il tuo traguardo finale e continua a desiderare l'irraggiungibile." Grandi traguardi portano a grandi idée, piccoli traguardi producono piccole soluzioni. Esperimenta tu stesso. Quali idée ti vengono in mente se ti poni le seguenti domande: "Cosa devo fare per guadagnare annualmente il 10% in più? Cosa devo fare per raddoppiare il mio guadagno annuale? Pensaci bene: "Qualsiasi cosa un'altra persona sia riuscita ad ottenere, puoi ottenerla anche tu! Hai le stesse possibilità, vivi sullo stesso pianeta e ti servi delle stesse leggi universali."

Sii riconoscente!

Sii grato per tutto quello che hai, per la tua salute, il tuo sapere, le tue capacità, per il tuo ambiente, per i tuoi beni, per il tuo lavoro, per i tuoi vicini, per la tua vita.

Hai forse un desiderio, allora prega l'intelligenza universale, Dio, Gesù o come meglio tu preferisci chiamarla, per far sì che questo si avveri. E ora, la cosa più importante: "Ringrazia, per aver fatto sì che questo desiderio sia diventato realtà, si realtà nella tua mente".

A molte persone tutto questo può sembrare strano e forse anche bigotto. Ma non é così. Nel campo della fisica quantistica questo é il migliore suggerimento che ci viene dato. Ti chiederai per quale motivo. Questa é la spiegazione: il Ringraziare per qualcosa che é accaduto, non significa altro che fissare nella mente già oggi la completa immagine del successo finale. La cosa migliore in tutto questo é il sapere che: "Il ringraziare per qualcosa di compiuto é anche la più perfetta forma del lasciar andare, del liberarsi." - Questo concetto é provato dalla fisica quantistica!

Un sorriso è la forma più bella per mostrare i denti agli altri

O per usare le parole di Arthur Lassen: il sorriso è il contatto più breve tra due persone. “s.p.d.a, - sorridi più degli altri!” Con un sorriso sulle labbra tutto ci riesce più facile. E proprio nel momento in cui credi di non poter sorridere, fallo! “Sorridi e potrai sentire l’effetto positivo, quasi un toccasana, che questo provoca dentro di te”. Sì è scoperto, che il sorriso mette in azione oltre il 50% in meno dei muscoli del viso, che fare una boccaccia o una faccia triste.

Deciditi: ”Vuoi sentirti male e soccombere ad ulteriori sforzi, oppure preferisci sentirti bene pieno di energia e motivato?”

Fai oggi la seguente prova: ”Sorridi sempre più spesso. Sorridi alle persone che incontri e osserva la loro reazione”. Nella maggioranza dei casi otterrai come risposta dei sorrisi affettuosi. E nel caso, qualcuno non sapesse come comportarsi, sarà un problema suo, non tuo.

Io amo la compagnia delle persone e le persone amano la mia compagnia

(Hans Peter Zimmermann, terapista dell'ipnosi)

Hai forse a che fare quotidianamente con persone? Lavori come responsabile? Il tuo settore di lavoro è forse il commercio? Allora fai il seguente test. È incredibile come poche parole, ben memorizzate e diventate parole "tue", possano cambiare completamente la vita. Quando io incominciai, per la durata di alcuni mesi a ripetere queste parole, così spesso da ingarbugliarmi quasi la lingua, incominciò a manifestarsi qualcosa di particolare. Mi sentivo meglio, le persone mi accoglievano più apertamente ed ero il benvenuto, ottenevo molto più facilmente appuntamenti di lavoro, e riuscii a raddoppiare le vendite. Oggi ho un lavoro tra i più belli ed eccitanti che ci siano "posso aiutare le persone a progredire interiormente." Sarà merito veramente solo di questa frase?" Chi lo sa? "Quello che trasmetti, di riflesso torna a te!" Ora decidi tu.

Io posso, io ce la faccio, io sono il migliore

(affermazione autosuggestiva)

Ti sei mai chiesto, cosa significhino i rituali, che i giapponesi ogni mattina celebrano con i loro esercizi e le loro urla? O quello che succede nelle squadre di Rugby, quando i giocatori urlano le loro parole di “battaglia” quasi fossero una mandria di selvaggi? Si stanno auto-suggestionando per caricarsi d’energia.

Puoi citarmi un solo motivo perché questo non dovrebbe funzionare anche con te?

La risposta del perdente è la seguente: ”Si, ma cosa pensano gli altri di me?” La risposta del vincente è “Perché no?” Ora pensaci molto bene, solo dopo averci riflettuto, potrai decidere. L’esercizio si esegue così: ”Respira profondamente, sorridi, a voce alta e con le braccia alzate ripeti le seguenti parole: ”Si, io posso, io ce la faccio, io sono il migliore.” Ripetilo per 10 volte. Nel caso volessi aumentare l’effetto, fallo con il tuo gruppo di colleghi: “Chi siamo noi? I migliori!”

Dal "si ma ...", al "perché no" !

Molto prima di aver modo di conoscere bene una persona e molto prima che essa esprima il suo modo di pensare, puoi riuscire a conoscerla dalle sue parole. Il vincente si pone la seguente domanda "Perché no?"e nella sua risposta è gia inclusa la possibilità di trovare la via giusta. Il perdente dice "si ma.." e questo "ma" risuona come un lugubre eco. Hai mai fatto caso, quante volte scuse, giustificazioni, obiezioni, inizino (quasi) sempre con un "ma.."?

Spetta solo a te decidere: "Vuoi cambiare qualche cosa nella tua vita, e prendere una nuova via che ti conduca a realizzare le tue mete, i tuoi desideri e i tuoi sogni? O forse preferisci credere che tutto questo con te non possa funzionare? Vuoi aver successo oppure vuoi solo aver ragione?"

Trasformati da un "si ma" ad un "perché no?" E questo per realizzare i tuoi desideri e i tuoi sogni!

È la più pregiata tra tutte le pietre. Può venire lavorata solamente con la sua propria polvere, non può essere né fusa da un forte calore, né venir sciolta in un liquido.Solo il fuoco artificiale più intenso e violento la può trasformare completamente in un sedimento senza colore. Il carbonio che si sviluppa, durante questo processo è lo stesso che rileviamo dal passaggio del mosto in vino..

Finalmente li abbiamo davanti a noi, i diamanti grezzi, estratti e portati alla luce da mani esperte. Chissà quale “vincitore” troveremo nascosto, dietro questa superficie grezza e ruvida?

I perdenti dicono: “Io ci provo.“

Tu non devi provarci! Tu devi farlo! Semplicemente fare!

Nella parola “provare” si intravede la scappatoia già aperta: "io ci ho provato ma non ci sono riuscito..." - lasciandoti scontento e incapace di continuare.

Ma che cos’è, che non ti è riuscito? Nulla. Tu sei semplicemente arrivato ad un risultato che non ti eri prefisso o che non volevi in questo modo.

O ti eri forse detto: "Questo è ciò che temevo! "

Fantastico! Già in partenza hai provocato inconsciamente un risultato che non volevi. Non devi mai temere nulla, se sai accettare tranquillamente gli avvenimenti per ciò che sono: "Risultati!"

I vincenti dicono “Io faccio!” E se il risultato non è di loro gradimento, ci riprovano questa volta in modo diverso, perché ora conoscono la forma da non usare. Come si chiama il motto che da oggi ti aiuterà a progredire? "Si, io lo faccio!"

Mancanza di tempo per frequentare dei seminari, per leggere dei libri o per imparare cose nuove?

Allora leggi la seguente storiella: ”Un viandante incontrò un boscaiolo molto impegnato a tagliare un albero. Il lavoro del boscaiolo andava avanti a stenti perché la lama della sega non era molto affilata. Allora il viandante chiese: “Perché non affili la lama? Faresti meno fatica!” Il boscaiolo rispose: ”Non posso, non ho tempo, devo segare l’albero?”

E tu quando vorrai affilare la tua lama?

Quando vorrai imparare cose nuove? Programma subito, fai il primo passo nelle prossime 72 ore. Potrebbe essere una telefonata, che ti fará avere nuove informazioni e documentazioni, oppure l’acquisto di un libro avvincente o di una rivista d’attualità o forse un complimento che tu saprai esprimere con tutta sincerità e dal profondo del cuore.

“Quando, come e con che cosa affili la tua lama?”

La libertà di essere uno svitato

Troppe volte ci preoccupiamo di compiacere alle aspettative, che gli altri hanno riposto in noi e ci sforziamo di comportarci “Come si deve!” Invece, tutti noi vorremo, almeno una volta, poterci lasciar andare ed infrangere le regole prestabilite. Purtroppo però, ci lasciamo frenare, sempre dalla stessa domanda negativa: ”Cosa diranno gli altri di me?” In primo luogo, molte di queste altre persone infrangerebbero anche loro, molto volentieri, queste regole e in secondo luogo, non è importante quello che pensano o dicono gli altri. Questo è un loro problema e non ti riguarda! Tu puoi dare i numeri e fare il matto! Si, fallo, te lo ordino! La gente imparerà ad accettarlo.

Con il passar del tempo verrai addirittura catalogato come svitato. Questa sarà la cosa migliore che ti potrà capitare! A partire da quel momento potrai goderti la libertà appena conquistata, di essere uno “svitato”, vivendo secondo il motto “È chiaro che quello svitato, faccia così.” Io mi godo la libertà di essere uno “svitato”. L’unica cosa a cui devi prestare attenzione, è di non danneggiare altre persone.

(Seminare e raccogliere!)

Chiedi un consiglio solo quando sei disposto ad accettarlo

Molte persone chiedono ad altre un consiglio. In verità cercano solo la conferma, che il loro modo di agire è giusto, che solo loro stessi sanno fare meglio, e che in pratica non hanno bisogno di consigli. Questo è come voler riempire di vino un bicchiere già traboccante. Scordatelo! Il bicchiere non può contenere dell'altro vino.

Prima di chiedere un consiglio, devi chiederti: "Sono disposto ad ascoltarlo, a valutarlo ed eventualmente a farne uso, cambiando poi qualche cosa?"

Svuota il bicchiere contenente preconcetti e preparalo a ricevere altri contenuti. Non è grande colui che pensa di poter fare tutto da solo. Grande è colui che sa di avere debolezze, come noi tutti, e desidera migliorare. Ancora più grande è colui, che nonostante la sua provata esperienza nel suo campo d'attività, sa di poter ancora imparare dagl'altri ed è seriamente disposto a farlo.

Che cos'è importante: sapere molto oppure capirlo e viverlo?

Appartieni anche tu, a quel gruppo d'impazienti ricercatori e collezionisti? Fai forse parte di quelle persone, che divorano libri, frequentano numerosi seminari, assolvono brillantemente corsi di formazione e si accertano di ricevere infiniti consigli, speranzosi di raggiungere così la perfezione? Scommetto che la risposta, l'hai già trovata da tempo dentro di te. Conosco un numero infinito di persone, con un impressionante e profondo sapere. Purtroppo questo sapere è solo memorizzato nella loro mente, non nel loro cuore. Lo hanno registrato ma non capito. Nel momento in cui lo capiscono, avranno fatto un passo avanti, e da quel momento possono finalmente "Vivere". Sapere come una cosa funziona non serve a nulla, se non fa parte di te, così come fosse parte integrante e naturale della tua vita. Le seguenti domande ti potranno aiutare: "Quale importanza ha questo sapere per me? Come e dove, posso farne uso nella mia vita? Qual'è il significato più profondo che si cela dentro il sapere?"

II.

La più grande bottega per progetti, mete, desideri e sogni

Sogna la tua vita e vivi il tuo sogno

Per poter condurre una vita da sogno, devi prima sognarla. Da questo fatto deriva il nome “vita da sogno“. Quando hai sognato l’ultima volta? No, non parlo del sogno notturno, bensì del sognare ad occhi aperti, quello che ti fa sentire al settimo cielo. Dovresti sognare molto più spesso. Dentro a questi sogni ci sono nascoste, potenti risorse, più di quante tu ne possa immaginare. Inizia questa sera stessa, ascoltando musica rilassante e stando comodamente seduto, chiudi gli occhi e prova ad immaginare tutto quello che vorresti fare, se non dipendesse dal denaro, se la tua esistenza fosse del tutto assicurata e tu potessi vivere con gli interessi fruttati in banca. Il viaggio, che avevi tanto desiderato intorno al mondo, é appena terminato e adesso per tutta la giornata vuoi solo divertirti e trarre piacere da quello che fai.

Che cosa faresti?

La più grande bottega? L'universo!

(Bärbel Moor)

Esiste solo una grande bottega nella quale tu puoi ordinare tutto ciò che desideri: "l'universo!" Lì puoi ordinare tutto quello a cui più ardentemente aspiri e se lo fai correttamente, ti verrà prontamente consegnato. Devi stare però attento ad una sola cosa, l'ordine deve essere eseguito in modo corretto: "Un ordine deve essere sempre eseguito in modo esatto, altrimenti per lo speditore sarà difficile inviare la merce giusta."

A lui non interessa ciò che non vuoi, ma solo quello che desideri ricevere! "Pensi che questo sia sottinteso? Allora presta attenzione come la maggioranza delle persone *fanno gli ordini*." La maggior parte racconta sempre ciò che non vuole avere.

Non vogliono avere debiti, non vogliono avere bambini disobbedienti, non vogliono avere dei lavori ingrati, non vogliono avere un marito cattivo, non vogliono avere segretarie inaffidabili, né vogliono clienti che non pagano. In questo modo loro ordinano precisamente quello che non vogliono. Quando tu sai veramente quello che vuoi, scrivilo e "spediscilo via". Per cortesia, non scordarti di affrancare correttamente, in modo che arrivi alla giusta destinazione. Affrancare? Si, con sentimenti, come gioia ed entusiasmo!

Fare degli ordini nell'universo - Lezione 2

Certamente puoi inviare il tuo ordine più di una volta se questo ti rende più sicuro. Questo non sarebbe però necessario, se tu avessi affrancato in maniera giusta la tua "lettera". Voler inviare ogni giorno un ordine, è come se tu continuassi a portartelo con te e non lo volessi spedire.Lasciar andare è la parola magica. Riassumiamo brevemente:

1. Il tuo ordine deve essere formulato in modo corretto.

2. Deve essere affrancato in maniera sufficiente. (Forza, grinta, piacere, entusiasmo, motivazione).

3. Immaginati come sarebbe, se tu stesso fossi a ricevere la consegna.

4. Lascia andare, dimentica l'ordine, adesso hai altro da fare, devi costruire la rampa di consegna. (Sforzati per raggiungere la tua meta, lavora per migliorare i tuoi interessi e i tuoi programmi).

Un desiderio solo non basta

Dentro di te, ci deve essere l'esigenza ardente di voler cambiare qualcosa. La forza motrice viene, come sempre, dal tuo inconscio.

Non basta però, desiderare che il tuo inconscio suoni un altra melodia. Devi mettere un altro CD e incominciare a pensare ed agire diversamente!

Non basta voler diventare ricco. Devi cambiare il tuo comportamento, per poter diventare ricco. Non basta voler essere intelligente ed istruito. Devi iniziare ad imparare ulteriormente, a leggere e a frequentare corsi. Non basta voler essere affettuoso. Devi incominciare a pensare in modo affettuoso, ad amare te stesso, a scoprire nelle altre persone i loro valori amabili.

Il tuo desiderio è il seme. Averne cura e farlo crescere è compito tuo!

La qualità delle tue mete determina la qualità del tuo futuro

(Klaus Kobjoll, imprenditore e esperto marketing)

Hai delle mete così piccole, appena degne di considerazione? Oppure sei talmente disilluso, privo di forza e d'energia a causa delle cosiddette sicure strategie per il successo, che sembrano funzionare solo per gli altri? Peccato, perché ti garantisco, che ti perdi qualcosa di bellissimo ed eccitantissimo nella vita: "Il porsi e il raggiungere dei traguardi personali, producono delle sensazioni indescrivibili e bellissime".

Ti ricordi, quando imparavi a correre, ai tuoi goffi e traballanti passi, che di giorno in giorno, diventavano più lunghi e sicuri? La stessa cosa succede con le mete. Inizia lentamente. Rifletti prima in quale direzione da sogno ti devono condurre, e poi esercitati, esercitati ed ancora esercitati! Le mete sono campioni di risonanza che memorizzi nel tuo subconscio. Se hai piccole mete, avrai piccole cose. Se hai grandi mete, possono accadere grandi cose! È tutto così semplice! Ma tu lo devi "fare".

Progetti, mete? Prima perché, poi come e con quale mezzo

Vuoi affrontare e realizzare qualcosa, hai progetti, mete, desideri e sogni? Bene!

Allora per prima cosa chiediti: "Perché? Perché vuoi che la cosa ti riesca? Che vantaggi hai? Quale sensazione provi, quando ti immagini che la cosa ti sia già riuscita?" La domanda sul perché, ti fa capire quanto, già oggi, sia forte la tua motivazione per raggiungere il traguardo. Questa è la forza insostituibile di cui tu hai bisogno durante il tuo appassionante viaggio. Qualche volta ti inciampi in grosse pietre ed altri ostacoli. In questo caso avrai bisogno della forza della motivazione per poter procedere verso la meta. La motivazione ha una delle sue radici nella risposta a quel "Perché"! Solo quando tu saprai definitivamente e in modo chiaro, perché questa meta è così importante, solo allora poniti la domanda: "Come e con che cosa arrivi sicuro alla meta?"

Sei anche tu Mister o Miss 95%?

Quando ero ancora attivo nelle vendite di molto complessi apparecchi elettronici per la misurazione, mi accorsi che stava succedendo qualcosa di strano. Era indifferente quale budget di vendite il mio capo fissasse: "lo raggiungevo sempre il 95%". Questo mi diede da pensare. Oggi so, che la fiducia in me stesso e la mia sicurezza personale potevano farmi raggiungere solo questo risultato. Io stesso non ero convinto di poter raggiungere il 100%. Non certo io ...?

Nel momento in cui mi resi conto di questo, fissai i miei traguardi in modo che il 95% sia sempre superiore, almeno del 20%, del risultato dell'anno precedente e pianificai con cura il modo da ottenerlo. In questo modo aumentai costantemente la mia produttività. Una cosa molto importante da sapere è: "Imparai a provare piacere anche al 95%, perché anche questo è un risultato valido e lo sono anch'io!" Qualche volta devi solo *saper raggirare* i tuoi *programmi* e già tutto sembra più facile.

La ruota del successo, il tuo programmatore di mete

(ispirato dal "Mulino di preghiera" tibetano)

Hai forse un obiettivo, un desiderio, un sogno? Bene! Inizia così, scrivi una lista con tutto quello che hai a disposizione e con cui puoi contribuire attivamente. "Capacità, ambiente, sapere, caratteristiche, denaro, partner, persone, libri, corsi di aggiornamento, training, istituzioni, ecc.".

Poi disegna una ruota con al centro un grosso mozzo. Dentro al mozzo scrivi la tua meta. I raggi sono tutte le cose che abbiamo elencato prima, capacità, ambiente...ecc., dipingi i raggi in maniera sfacciata e sgargiante. La forma migliore è quella varia e dai colori molto forti. Poi incolla la ruota su un pezzo di cartone, ritagliala e al centro fissala con un punto metallico. Appendila in un posto qualunque dove si può farla girare senza problemi. Mettiti comodo ed osserva attentamente la tua ruota colorata, lasciati trasportare da lei nel meraviglioso mondo dei tuoi desideri. Mentre fai questo, ascolta la tua musica preferita o canta la tua canzone preferita. Grazie al tuo programmatore di mete, questo meraviglioso mondo dei desideri verrà assorbito ancora più profondamente nel tuo subconscio.

III.

Strumenti per il successo - facili, semplici ed efficaci

Successo è ciò che accade quando si segue se stessi

(Klaus Kobjoll, imprenditore e allenatore sviluppo personale)

Conosci la storia del giovane gatto che eccitato cercava di prendersi la coda girando continuamente su se stesso? Un giorno arrivò un gatto più anziano e chiese: "Cosa stai facendo?"

Il gatto giovane rispose: "Frequentando la scuola di filosofia dei gatti abbiamo imparato che la nostra felicità ed il nostro successo si trovano nella coda. Pertanto se inseguo abbastanza a lungo la mia coda, un giorno afferrerò la mia fortuna".

Il gatto più anziano replicò: "Questo è interessante. Io non sono mai stato in una scuola di questo tipo, ma ho notato che la fortuna mi segue quando io proseguo diritto in direzione dei miei sogni!"

La morale della storia:

"Non hai bisogno d'inseguire la tua fortuna ed il tuo successo. Fai ciò che sai fare meglio, quello che sogni e segui il tuo istinto. Pieno di fiducia prosegui in direzione dei tuoi desideri, sogni e mete. La fortuna ed il successo ti seguiranno!"

Una ricetta per risultati positivi

- Disattiva le influenze negative che ti portano fuori strada *(distenditi, rilassati e dimentica tutto ciò che ti circonda ...).*

- Attiva la tua energia *(migliora il tuo umore, la tua energia ...).*

- Attiva le tue influenze per raggiungere la meta *(richiama concretamente alla memoria i tuoi traguardi ...).*

- Concentrati al massimo *(adesso fai solo quello che per te è importante e con il quale vuoi andare avanti ...).*

- Ogni 60 minuti concediti una pausa di 10 minuti. *(alzati, fai qualcos'altro, bevi un tè o un caffè o un bicchiere d'acqua).*

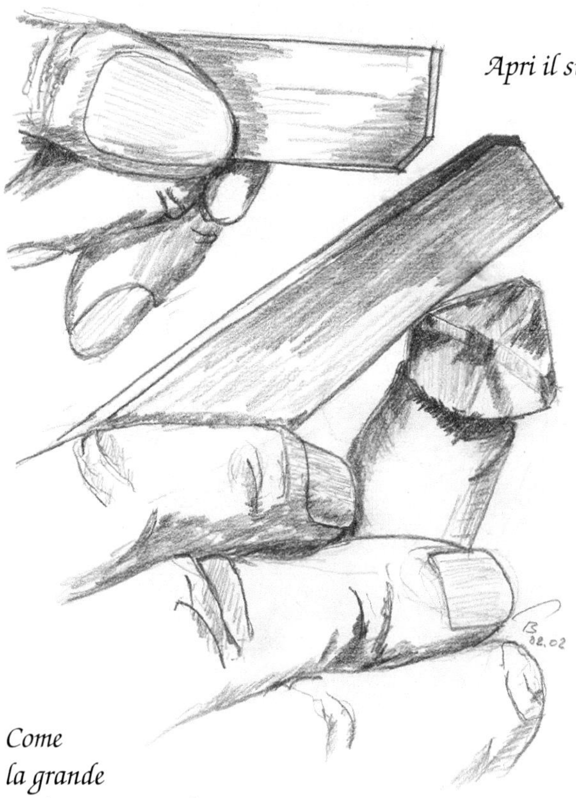

Apri il suo cuore.

Come
la grande
esplosione iniziale
anche un colpo forte e sicuro, apre il diamante permettendoci d’ammirare la sua completa bellezza, finora solo immaginata.

Adesso, si prosegue passo per passo, scalino per scalino, seguendo un programma prestabilito che porta con successo alla scoperta del prezioso tesoro.

I 7 gradini verso il successo

Chi non è alla ricerca della ricetta perfetta, che permetta di realizzare veramente tutti i progetti della vita, dall'amore alla convivenza, dagli affari al denaro? Adesso l'hai trovata! Ti garantisco: "Se tu seguirai, le istruzioni, passo per passo, festeggerai successi che fino a ieri ti sembravano irraggiungibili." Però ti avverto: Solo con la lettura e l'apprendimento della ricetta non succede ancora niente: tu devi "cucinare" seguendo le regole!

La ricetta funziona così:

1. Analisi della situazione in cui ti trovi	... dove sei?
2. Il traguardo	... dove vuoi andare?
3. Il progetto	... come ci arrivi?
4. L'allenamento	... di che cosa hai ancora bisogno?
5. I lavori	... dal sapere al fare!
6. Il controllo	... a che punto del cammino ti trovi?
7. Il lasciar andare	... annulla quanto impedisce il successo

I 7 gradini verso il successo: l'analisi della situazione in cui ti trovi

Domanda: come fai a progettare il tuo viaggio a vela, se non sai in quale porto sia attraccata la tua nave? Come puoi voler fissare il percorso per il tuo successo se non sai dove ti trovi?

Scordatelo, non hai alcuna possibilità! Ogni passo ti può, sia avvicinare, sia allontanare dal tuo traguardo. Tu non sai ancora a che punto sei.

Le domande più importati che uno si deve porre sono: "Dove ti trovi esattamente? Economicamente? Con la tua famiglia? Professionalmente? Con quali capacità? Elimini regolarmente le tue barriere mentali? Ti prefissi regolarmente delle mete giornaliere, che ti portano verso le tue fantastiche mete? Lavori volentieri? Riesci facilmente a lasciar andare? Sei spesso arrabbiato, invidioso? Ti preoccupi facilmente? Hai spesso paura per il futuro? Sei sincero, perseverante, disciplinato, pieno di voglia di vivere e di entusiasmo? Pensi in maniera positiva ed orientato verso il traguardo? Sai prendere facilmente e con gioia delle decisioni? Dormi abbastanza? Riesci a raggiungere un'alta concentrazione? Hai fiducia in te stesso e negli altri? Sei un talento nell'organizzare, sei amorevole, equilibrato, sano?" Amplia l'elenco delle domande in rapporto alle tue mete!

I 7 gradini verso il successo: la mia meta / le mie mete

Visto che ora sai in quale porto è attraccata la nave della tua vita, puoi procedere ulteriormente. Adesso la cosa importante da sapere è: ”Dove ti deve portare il viaggio? Che cosa vuoi esattamente? Che cosa vuoi ottenere? Qual'è il tuo traguardo?“

Per aumentare al massimo le tue chance, nel capitolo ”SMART” imparerai come formulare le tue mete in modo corretto e preciso! Adesso fai qualche cosa per la tua motivazione. Essa è il fuoco che tu devi continuamente ravvivare, in modo d'avere sempre, lungo il percorso, la forza di sfidare le violente tempeste! Ora immaginati, come sarà quando sarai arrivato al traguardo.

Molto importante: ”Tu devi vederti come protagonista principale di questo film! Chi condivide con te questa gioia? Cosa ti fa riconoscere di essere giunto alla meta? Che cosa provi? Che cosa senti, quando gli altri ti parlano?” Goditi già adesso il piacere di aver raggiunto la tua meta!

Quanto grandi devono essere le mete? Semplicissimo: “Proponiti grandi mete, perché in queste troverai molta energia!” Le piccole (mete) le perdiamo facilmente di vista, quando affiorano i primi ostacoli. Suddividi la tua meta in piccoli traguardi.

Regola generale: ”Devi raggiungere i traguardi intermedi entro tre giorni.”

I 7 gradini verso il successo: pianificare

Adesso, che sai in quale porto è attraccata la tua nave, con il desiderio di viaggi lontani che ribolle in te, e con la nave pronta per salpare, ti si presenta la prossima sfida: "La tua motivazione contro la tua pigrizia!"

Deve essere per forza così? Perché non può funzionare tutto più facilmente? Lo vuoi veramente o no? Si, lo vuoi? Bene, allora passa alla pianificazione. Le seguenti domande ti aiuteranno: "Di che cosa hai ancora bisogno per arrivare al tuo traguardo? Materiale? Sapere? Conoscenze? Capacità? Istituzioni? Ecc. Come e con che cosa pensi di arrivarci? Che cosa potrebbe aiutarti a raggiungere più in fretta la tua fantastica meta? Quali attività ti portano giornalmente più vicino alla tua meta? Cos'é quando...e cosa è quanto importante? (lista delle priorità)? Chi devi ancora contattare in questa circostanza? Che cosa devi ancora sapere per poter attuare con cura il tuo piano? Quali traguardi intermedi vuoi raggiungere? Quali sono le ricompense che ti concedi per il raggiungimento delle mete intermedie e del traguardo finale?"

La cosa migliore che puoi fare, è procurarti un raccoglitore per la cronaca del viaggio. In ogni pagina scrivi una delle domande sopra elencate e poi: "Parti e buon divertimento."

I 7 gradini per il successo: allenamento

Se ancora oggi, la tua meta ti appare irraggiungibile da sembrarti una cima invalicabile, vuol dire che probabilmente hai bisogno di addestrare le tue capacità. Sicuramente non andresti sull'Himalaja senza prima di aver svolto dei percorsi di addestramento. O no?

Perciò: "Che cosa devi ancora imparare, conoscere ed essere capace di fare per poter raggiungere in modo sicuro la tua meta? E quando, lungo il cammino, dovrai usare queste capacità? Di quali convinzioni hai bisogno per essere sempre motivato a continuare e quali sono le suggestioni che ti possono aiutare?"

Hai già fatto un elenco? Bene, allora prosegui! Mi congratulo con te perché hai superato un ulteriore ostacolo e puoi condurre con sicurezza la tua nave, anche attraverso violente tempeste, al tuo lodato porto. Affinché il tuo duro allenamento, giorno per giorno, ti possa anche divertire, ti propongo un'idea per rendere l'incentivo irresistibile, addirittura magnetico: "Prepara un collage della meta, contenente illustrazioni del tuo entusiasmante traguardo. Scrivici sopra, il titolo della meta e gettaci lo sguardo un paio di volte al giorno!"

I 7 gradini per il successo: lavorare

Quello che adesso segue, è necessario. Fa parte del percorso, così come il percorso appartiene alla meta. Tu lo percorri a volte con difficoltà, a volte motivato, a volte canterellando, a volte trascinandoti, a volte barcollante, strisciando o arrampicandoti a stento. Adesso devi lavorare e mettere in pratica la visione della tua vita e passo dopo passo, percorri con ostinazione il tuo cammino!

Come già sai, è molto utile suddividere il tuo viaggio in piccoli passi. Passi, che puoi fare entro tre giorni o se vuoi anche in un tempo più breve. Perché? Perché con ogni passo compiuto, aumenta in te la motivazione. Essa è il fuoco che ti riscalda durante il cammino, anche nei momenti più gelidi e sarà la tua fonte d'energia, nei momenti in cui la tua forza sembrerà abbandonarti.

Un'ulteriore e ben valido motivo per non pianificare scadenze fisse è: "Le scadenze fisse ti limitano, ti frenano e non ti permettono di lasciarti andare (di essere libero). Esse annullano la tua motivazione nel momento in cui tu per un motivo qualsiasi non riuscissi a rispettare la scadenza. La miglior cosa, è proseguire senza scadenze fisse, ma pienamente motivato e con un forte dinamismo!" In questo, modo raggiungi i grandi traguardi molto prima del previsto!

I 7 gradini per il successo: controllare e ricompensare

Sapevi, che solo il 3% delle persone si ritengono persone di successo?

Visto che tu sei arrivato fin qui, dimostri che: "Tu hai tutte le doti per appartenere a questo 3%".

Un cordiale benvenuto sul successivo gradino del successo!

In questa pagina devi fare la conoscenza con due importantissimi strumenti.

Il primo è il tuo importantissimo strumento di navigazione; il secondo - sorpresa - è per così dire la tua dinamite psicologica!

Sul primo ...

Le tue mete devono essere chiaramente controllabili e misurabili!

Le domande, che ti possono aiutare sono: "Da cosa riconosci di essere andato avanti di un altro passo? Hai svolto il compito prestabilito? Sei già arrivato al traguardo?" Controlla ogni giorno a che punto del camino ti trovi.

Sul secondo - la tua dinamite ...

Premiati per ogni gradino che hai raggiunto (pensa ai 3 compiti giornalieri!) e stabilisci la ricompensa già oggi. Così il tuo inconscio lavora da ricompensa a ricompensa. Provalo e ne sarai meravigliato.

I 7 gradini per il successo: lasciar andare

"Tu devi semplicemente lasciar andare ... ", risuona il consiglio spesso citato e stereotipato. Purtroppo questa citazione, è soltanto un ulteriore schiaffo morale, nel vero senso della parola.

"Come se io, non lo sapessi! Come posso lasciarmi andare se i debiti mi opprimono ed i miei creditori me lo ricordano giornalmente? Come posso lascia andare e guarire, se la malattia ogni giorno mi rende debole e senza energia? Come posso lasciar perdere una meta, se ogni giorno mi ci devo dirigere pieno d'energia o addirittura devo giornalmente misurarla?"

Liberati dal credere di avere *il dovere* d'arrivare, importante è che tu sia già arrivato alla meta, nella tua mente.

Spedisci il tuo ordine all'universo e non ci pensare fino alla prossima volta. Voler ottenere, in tutti i modi e a qualsiasi costo qualcosa, vuol dire bloccarsi e trattenerlo."

Tu sei una persona valida, anche se hai raggiunto solo il 90% della tua meta e se questa era abbastanza grande, sei già in vantaggio nel confronto di tutti gli altri.

La stessa cosa è successa con questo libro. Ogni pagina era un ulteriore passo, un ulteriore piccolo successo!

Altre idee sul "lasciar andare" le trovi a pagina 157.

I 7 gradini per il successo secondo SMART

(Tad James, esperto del PNL)

La formula "SMART" di Ted James è semplicemente geniale e facile per controllare mete, desideri e sogni.
Dedica a questa formula subito una parte del tuo tempo. Il tuo investimento sarà il più redditizio e ti ripagherà dalle 10 alle 100 volte!

S = Specifico e chiaro	come riconosci che la meta è raggiunta?
M = Misurabile	come e da che cosa riconosci che ti avvicini alla meta, che sei arrivato alla meta?
A = All'inizio come se	formula la tua meta come se fosse già raggiunta.
R = Realisticamente	La tua mente deve poter credere che la realizzazione sia possibile.
T = Timeless	Progetta per quanto possibile solo gradini di successo invece di gradini con scadenze fisse.

Solo quello che controlli e misuri lo puoi veramente migliorare

(Patrick T. Robson, Direttore generale di un'azienda per il noleggio di apparecchi di misurazione)

Solo quello che controlli e misuri lo puoi veramente migliorare. Se non controlli regolarmente e con attenzione dove ti trovi, non puoi riconoscere se stai uscendo dal percorso. Anzi, molto spesso subentra un effetto secondario che frena e intralcia il successo:

"Presto ti mancherà la motivazione, il tuo fuoco stimolante, poiché tu non ti accorgi, che ti stai avvicinando alla meta".

Misurare è in genere uno dei fattori di successo più importanti! Ogni pilota responsabile controlla costantemente la sua rotta.

Se un vento forte lo portasse fuori rotta, interverrebbe correggendola. A nessun pilota al mondo, verrebbe in mente di continuare testardamente a volare per atterrare nell'orario prestabilito, senza prima di controllare se la pista d'atterraggio esista o no.

Conclusione: "Misurare, ti da la possibilità di riconoscere ed in caso di necessità di correggere, producendo un prezioso effetto collaterale impagabile, quale: forza, motivazione ed un ardente desiderio!"

Quando gli eventi minacciano di sovrastarti

("associare" e "dissociare" - metodi della PNL)

Il seguente esercizio ti sarà di grande aiuto. Chiudi gli occhi e richiama nella tua mente, il problema che più ti opprime, e proiettalo sul tuo schermo interiore. Ora, entra in questo gravoso film e rivivilo mentalmente ancora una volta, in tutti i dettagli spiacevoli e in tutte le sue sfaccettature. Quindi batti le mani in modo energico e fragoroso e abbandona velocemente *il film*. Da protagonista diventa spettatore! Immaginati di essere un uccello o una mosca, che da una distanza di circa 5-10 metri osserva se stesso. Importante non dimenticare: "Devi riconoscere te stesso in questa foto!"

Adesso, cambia la luminosità, la luce della foto in modo che le tue sensazioni nell'osservare la foto, diventino sempre più neutrali e piacevoli. Fare questo è facilissimo, perché tu sei il regista dei tuoi film e della tua vita. Poniti la seguente domanda:

"Come può questa persona (tu), che stai guardando, risolvere il suo problema?"

IV.

Informazioni reali adatte per ogni giorno

Che cos'é veramente il pensiero positivo

Prova a chiedere alle persone che conosci, cosa intendano quando sentono le parole "pensiero positivo". La risposta abituale che viene data, è sempre la stessa, e questa risposta si rifà della massima: "Ogni cosa, ha anche un lato positivo, devi solo pensare positivamente e così tutto avverrà nel migliore dei modi." Falso!

Questo è il concetto del pensiero positivo, secondo il principio del "valutare", che ti aiuta al momento, regalandoti sensazioni piacevoli, ma in verità si limita ad una rimozione forzata che ti fa male. Tu non risolverai mai nessun problema, cercando di mascherarlo o allontanarlo!

Al primo momento, questo sembra contraddire il principio di Huna: "Il tuo mondo è quello che tu pensi di esso." Non è così.

Il vero pensiero positivo è il pensiero finalizzato! Tu pensi a ciò che veramente vuoi. Quando tu pensi ad una meta, un sogno o un desiderio, istintivamente ti dici: "Così desidero averli" e certamente non pensi a quello che non vuoi. In che modo pensi tu? Come pensi, così sarà.

Il tuo ambiente sociale forma sostanzialmente il tuo futuro

Anzi ancora di più, il tuo ambiente sociale racchiude in se le possibilità, che esso diventi il tuo futuro.

Tu sei oggi quello che sei, in virtù della tua struttura genetica, dell'educazione, delle tue esperienze e avventure, della scuola, delle scelte dei tuoi mass-media, dei tuoi corsi di aggiornamento, dei libri, della televisione, della radio e della cultura in cui tu sei cresciuto e dell'ambiente in cui sei vissuto.

Tutto questo ti ha plasmato e formato profondamente.

Se il tuo "oggi" non ti va più bene, lo puoi cambiare solo se scegli altre, nuove "istruzioni" per il tuo "supercomputer" personale, il tuo cervello.

Cambia il tuo ambiente e le compagnie, scegli altri mezzi informativi ed altri corsi di aggiornamento.

Tutto questo ti porta ad avere altre esperienze ed a conoscere altre persone. Vuoi appartenere alla categoria dei vincenti?

Attorniati di vincenti!

Questo non significa che tu debba lasciare tutto dietro alle tue spalle. Devi fare una scelta, e selezionare in maniera posata ed intelligente. Poi percorri la tua strada con sicurezza, piacere ed entusiasmo.

Volsi lo sguardo all'indietro e mi accorsi, che le pietre lasciate sul mio cammino si erano trasformate in gradini verso il successo

Sicuramente, fino a quando tu sarai oppresso da seri problemi, certi paroloni non ti possono minimamente interessare.

Invece proprio in situazioni negative, le parole sopra citate (leggile ancora una volta e assorbile dolcemente) ti daranno la spinta necessaria per affrontare il problema alla base e accettare con entusiasmo la sfida. Da ogni risultato - alcuni lo chiamano errore - possiamo imparare. Non é stupido chi commette errori; stupido è chi ripete lo stesso errore.

Una volta una persona saggia disse: "Vuoi raddoppiare il tuo successo? Raddoppia la quota dei tuoi errori!"

Perciò, proprio ora guardati indietro e con amore e saggezza chiediti: "Che cosa n'è stato del tuo più grande errore? Che cosa hai imparato da esso? Quali cambiamenti positivi ha portato questo errore?

L'entusiasmo è una delle qualità meglio pagate del mondo

La vita stessa, è una forma di vendita. Sia che tu educhi, sia che tu cerchi di "vendere" un'idea al tuo partner o quando cerchi di convincere il tuo titolare ad aumentarti lo stipendio, quando consigli un prodotto ad un cliente, è sempre una forma di "vendita".

Da chi preferiresti acquistare, da un venditore, musone, di cattivo umore, disinteressato e negativo oppure da un venditore motivato, fiero, radioso ed entusiasta?

Compila adesso una lista con 30 cose che ti entusiasmano, prendine nota, fotografa tutto ciò che ti piace e ti diverte.

Sulla lista devono essere elencati, tanto le cose piccole d'ogni giorno, quanto i grandi avvenimenti. Dopo 20 minuti, chiediti cosa provi!

Entusiasmati adesso, per te, per la tua vita, per i tuoi incarichi, per la tua partner o il tuo partner; affronta tutto ciò che devi fare con la massima gioia.

Ne verrai pienamente ripagato!

Attraverso la conoscenza il diamante raggiunge la sua purezza e la sua purificazione.

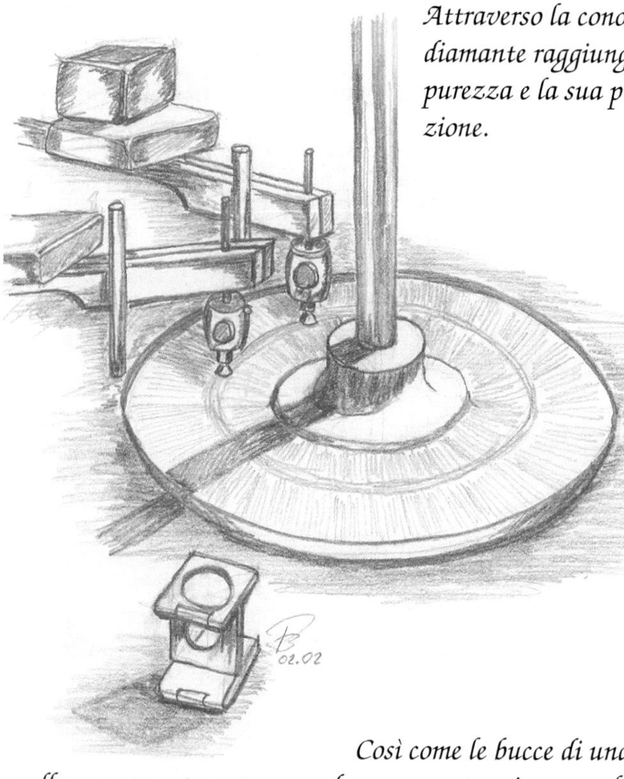

Così come le bucce di una cipolla vengono staccate una ad una per poter giungere al cuore dell'ortaggio, anche un diamante deve prima fare la conoscenza della forte lama che scorre su di lui 58 volte per poi ostentare nei brillanti la sua bellezza.

Con un lavoro finissimo, perseverante e pieno d'amore, il diamante viene intagliato sempre di più, per liberare e mostrare il suo nucleo prezioso e sfavillante.

Come sopra - così sotto, come dentro - cosi fuori

(Hermes Trismegisto)

Così come pensi, così agisci. Così come ti senti dentro di te, così prende forma anche il tuo mondo, e tutta la tua vita.

Ci sono cose che vorresti cambiare nella tua vita? Allora invece di roderti, agitarti ed essere indeciso, non sarebbe forse meglio, lasciarti appassionatamente trasportare da un desiderio eccitante?

Già da oggi devi cambiare il tuo modo di pensare e il tuo modo di agire.

Una storia vera: C'era una persona, il cui ufficio era la proiezione della sua testa: caos assoluto! Saltava da un'idea all'altra, da un pensiero all'altro lacerato dall'incapacità di arrivare ad un risultato.

Solamente quando incominciò a riordinare, cambiò anche la sua situazione."

Metti in ordine il tuo ambiente esterno e anche il tuo mondo interiore sarà ordinato. Riordina il tuo mondo interiore e anche quello esterno sarà ordinato. È indifferente da dove incominci, metti in ordine e avrai gli effetti desiderati!

Niente al mondo è così potente come un'idea, maturata nel tempo e pronta per essere realizzata.

(citazione attribuita a Victor Hugo)

Nessuna persona può fermare un'idea, quando è arrivato il momento per realizzarla.

La domanda è: "Quand'è il momento giusto?"

La contro-domanda è: "Perché questo è poi così importante?"

Hai già avuto la sensazione di essere troppo avanti nel tempo con le tue idee? Hai perso anche del denaro, perché hai voluto forzare i tempi? Hai poi smesso, trovandoti anni dopo arrabbiato, perché altri sono diventati ricchi con la tua idea? Peccato!

Hai commesso un solo errore: "Non hai utilizzato il vantaggio del momento che avevi e volevi ottenere qualcosa a tutti i costi, con la forza!"

Proprio perché eri in anticipo e avevi tutto il tempo necessario, avresti potuto lavorare attentamente alla tua idea per renderla migliore.

Al momento giusto saresti potuto essere il celebre vincitore.

Forze o debolezze, che cos'è più importante?

La maggior parte delle persone sono della pazza idea, di poter aver successo solo quando avranno eliminato tutte le loro debolezze. Sbagliato!

Di quanta energia hai bisogno per tentare di rinforzare anche di poco una delle tue debolezze? E nel caso tu ci fossi riuscito, lavorando sodo e superando un'altra debolezza, ti senti, forse per questo in piena forma, quasi abilitato a partecipare ai campionati del mondo in questa specialità? Non ci credo proprio.

Le forze sono il materiale con cui vengono formati i campioni.

Chi vive le proprie forze e ogni giorno le aumenta, non ha minimamente di che preoccuparsi.

Prendi ad esempio Michael Schumacher. Lui ama guidare macchine potenti, può farlo e lo fa. Oppure Thomas Gottschalk, che parla bene, ma è incapace di ascoltare. Devono forse, queste due persone, preoccuparsi per i loro guadagni?

Ci sono delle persone che dispongono di forze, che viste in te stesso, le definiresti come debolezze. Trovale, delega questi compiti e fai quello in cui ti senti forte.

Decidere è una delle capacità fondamentali delle persone di successo

Che tu lo voglia o no: "Prima o poi devi prendere delle decisioni, altrimenti altri lo faranno per te." Saresti contento di questo?

Immaginati di trovarti davanti ad un cartello stradale e di non essere ancora sicuro, quale sia la giusta strada da prendere. A questo punto, raccogli tutti i dati, valutali bene e deciditi!

Comunque tu abbia deciso, tutte le strade portano a destinazione.

Una di queste potrà risultare forse più accidentata delle altre, su questa strada però raccoglierai ulteriori esperienze, che saranno utili per il tuo viaggio. Perché le esperienze sono il tesoro delle persone di successo!

Chi non sa decidere, rimane davanti al cartello stradale e là si trova ancor oggi...(*smile)

Il mondo appartiene ai decisi e non certo agli indecisi!

Promessa: "La prossima volta, al ristorante decido entra 30 secondi quello che voglio mangiare!"

Se le altre persone fossero ambasciatrici e specchi

Ambasciatori e specchi, ma questo è un vaniloquio puramente esoterico, o no? Ne sei certo? La scienza della fisica dimostra chiaramente: ”Tutto è una forma d‘energia, di vibrazione”.

Dentro di te non può risuonare nulla, se non hai a tua disposizione il diapason adeguato.

La maggior parte degli esoterici, tuttavia, ritiene che l’altra persona sia assolutamente il tuo specchio e quindi un chiaro ambasciatore di come tu sei, di ciò che sono i tuoi problemi. Sbagliato!

La maggior parte delle cose, che grazie agli altri, scopri in te stesso, sono la pura dimostrazione, di un modo di pensare, che ti è stato dettato. Ti mostrano ancora oggi che colleghi esperienze vissute con sensazioni spiacevoli, quindi sei ancora rinchiuso in questo schema dettato. That`s it!

Questo punto di vista ti sarà prezioso se tu accetterai il seguente concetto: ”Se le altre persone sono i miei ambasciatori, l’immagine riflessa di me stesso e anche i miei diapason interiori, io sono riconoscente a chiunque “mi faccia arrabbiare”, perché questo mi aiuta a scoprire me stesso e a farmi crescere.

Grazie!”

Vecchio è chi ha più piacere nel passato che nel futuro.

(John Knittel)

"Per diventare vecchio, non devi avere principi" (Börne).

"Da che cosa si capisce, che si sta invecchiando? Quando si smette di sperare e si incomincia a ricordare" (Sanders). "Nulla rende più vecchi, del pensare costantemente che stiamo invecchiando." (Lichtenberg). E tu cosa pensi è l'età solo un fatto d'anni o del tuo modo di vedere? È forse solo un problema dell'aspetto esteriore o forse del fuoco interiore? Conosci anche tu delle persone di 30 anni, che sono già vecchie il cui fuoco della passione si è già spento, che si sentono e hanno l'aspetto vecchio e grigio così come la loro vita?

L'opinione di molti è: "Si è vecchi così come ci si sente." Giusto!

Tu quanto vecchio ti senti? Qualunque sia la tua risposta, non è mai troppo tardi! Deciditi adesso di rimanere giovane e vitale nello spirito; rifletti su come già da ora, puoi cambiare – e anche il tuo corpo ti seguirà!

La buona notizia: tu hai sempre ragione

Tu pensi: ”Io ho il più caro ed il migliore partner e la migliore partner del mondo?” Hai ragione! Tu pensi: ”È difficile iniziare un'attività di successo, in un periodo di recessione!” Hai ragione!

Tu pensi: “Anche in periodi difficili, possono avere grandi idee delle chance!” Hai ragione! Tu pensi: ”Nel mio lavoro è impossibile guadagnare di più. E basta a malapena per vivere!” Hai ragione! Tu pensi: ”Ragazzi, io mi trovo in una situazione fortunata. Ho un lavoro fantastico, posso fare delle esperienze preziose ed ho anche il tempo per aggiornarmi. ”Hai ragione! Hai sempre ragione!

Il mondo, il tuo mondo, è quello che tu pensi che sia.

Comunque tu pensi, saprai sempre d'aver ragione! Ti fa riflettere questo?... Hai ragione: ”Pensaci!”

Il successo è...

(Bessie A. Stanley)

Ha ottenuto successo chi .....

... ha vissuto bene, ha riso spesso e amato molto.

... ha guadagnato il rispetto delle persone intelligenti e l'amore dei bambini.

... ha trovato uno spazio e lo ha riempito con la vita, svolgendo così il suo compito, sia coltivando fiori bellissimi, componendo una poesia oppure salvando un'anima.

... non è mai mancato di gratitudine e ha sempre saputo apprezzare la bellezza del nostro mondo.

... ha sempre visto la parte migliore negli altri, dando di se il meglio.

... la sua vita era per tutti un'ispirazione.

... il suo ricordo è una benedizione.

Le catastrofi sono anche chance

L'11 settembre 2001 ha avuto luogo una catastrofe che nessuno potrà più dimenticare. Questo tragico avvenimento è stato, però motivo d'insegnamento, per le persone che non riuscivano a superare il trauma, usando un semplice ma effettivo esercizio NLP.

Ha insegnato a rendere più sicuri gli aeroporti per l'incolumità dei passeggeri. Inoltre anche le aziende sono state esaminate per renderle meno soggette a possibili rischi.

Ha insegnato a molte persone ad aiutare e stare vicino a coloro, che ne avevano bisogno; (finalmente) ha insegnato alle persone a riavvicinarsi e sentire l'importanza di non essere soli, di amare, ed essere amati.

E in quale "catastrofe" ti trovi tu? Quale opportunità si nasconde dietro la "catastrofe"?

Che cosa puoi trarne a tuo vantaggio? Quali decisioni prendi?

Con chi le puoi risolvere?

Tutti devono accettarti e tutti devono essere della tua idea?

Questa è la palese dimostrazione che la tua autostima, la fiducia in te stesso e la tua autocoscienza sono molto carenti.

Giudizio negativo e duro? Può essere. Tuttavia, tutto quello che tu con cura pianifichi e con forte determinazione porti a termine, incontra sempre tre tipi di reazioni:

"Quelli che sono contrari e non ne faranno uso, quelli insicuri che poi nonostante tutto, alla fine non sapranno decidersi; quelli che sono favorevoli e che lo vogliono e lo appoggiano."

Tu non potrai mai avere tutti dalla tua parte.

Scordatelo! Dipende da te, se ci tieni a realizzare le tue idee fantastiche o no, o è per te invece molto più importante andare alla ricerca spasmodica di continue conferme.

Tu potresti iniziare subito in modo deciso e sicuro, perché sai benissimo che le tue idee sono valide e costruttive, così come sai di avere la massima fiducia in te stesso per riuscire a farcela e regalare così ad altri, ma soprattutto a te stesso, un piacere immenso ed una profonda soddisfazione interiore.

Non è importante quello che sei, ma quello che ne fai di te

Non rincorrere continuamente l'idea di come voler essere, solamente perché credi così, di poter fare impressione sugli altri. Analizza chi sei veramente, quali sono le cose che sai fare veramente bene, quali sono i tuoi punti forti - e adesso fanne uso nel migliore dei modi.

Una persona disabile costretta sulla sedia a rotelle, potrebbe continuamente lamentarsi, commiserarsi e tutti avrebbero la massima comprensione.

Le servirebbe a qualcosa? La renderebbe forse più felice? Le darebbe forse, la sensazione d'essere utile, indispensabile e importante?

Lei invece, può concentrarsi sulla sua fenomenale capacità di resistenza, sulla sua indistruttibile automotivazione e sulle sue brillanti capacità di pensiero, e da queste trarre l'insegnamento che la porta a diventare il migliore e il più amato allenatore di motivazioni. Questa persona, sa come ottenere il massimo da ciò che dispone. Una persona così, sarà assolutamente credibile.

Da che cosa ti lasci paralizzare? Che cosa sai fare veramente bene e a chi potrebbe essere utile?

Non incominciare con un grande proposito, ma con una piccola azione

"La strada per l'inferno è pavimentata da buoni propositi", disse una volta il mio insegnante, quando cercai di fargli credere, tutto quello che mi ero prefisso per l'anno seguente.

Io mi offesi: "Ma come, dubita di me?"

Molto più tardi compresi quello che lui intendeva dire.

Effettivamente noi ci prefissiamo tantissime cose. Soprattutto a capodanno ... Con il solo proposito però, non è ancora cambiato nulla. Questi propositi ci ingannano, facendoci credere di cambiare qualcosa solo perché abbiamo capito qualcosa! Tu lo sai! Un proposito ha la possibilità di diventare realtà, solo se tu porti a termine una piccola azione e fai il primo passo! Che cosa desideri fare già da molto tempo e non hai ancora affrontato?

V.

I tuoi pensieri, la tua miniera d'oro

La semina e il raccolto

(una legge fondamentale dell'universo)

Nessun contadino esperto, andrebbe a raccogliere delle succose fragole rosse in un campo, nel quale aveva seminato amorevolmente del mais.

In questo campo lui raccoglierà sempre e solo del bel mais giallo e duro!

Ogni effetto, anche il più particolare, è il risultato equivalente alla causa iniziale, ogni reazione segue la relativa azione.

Queste sono le regole della fisica pura.

Non puoi seminare odio e voler raccogliere amore.

Non puoi pensare all'insuccesso credendo di ottenere un successo. Non puoi seminare sfiducia ed aspettarti fiducia.

Ti verrà recapitato, sempre con la massima precisione, quello che tu hai spedito.

Rifletti bene sulla seguente domanda:

"Che cosa desideri seminare oggi, per poterlo raccogliere domani? Quale processo vuoi iniziare oggi per sentire già domani l'effetto?"

Il mio subconscio - il mio giardino

Il tuo subconscio è come un magnifico giardino fertile. Tutto quello che tu pianti inizia a crescere e a proliferare.

Le piante a cui tu dedichi maggior cura ed attenzione, diventeranno forti e vigorose.

Vuoi lasciare crescere i tuoi laceranti problemi? Vuoi che i tuoi opprimenti debiti crescano? O preferisci forse, che il tuo successo aumenti rapidamente, che nella tua unione l'amore aumenti, maturi e diventi sempre più bello ed erotico?

Allora deciditi: "Che cosa vuoi avere di più grande, di più forte, di più bello, con più energia e con più entusiasmo nella tua vita?"

Adesso redigi una "lista sul da farsi", perché solo con il sapere quello che tu vuoi, non hai cambiato ed ottenuto ancora molto. Devi iniziare con piena fiducia a seminare nel tuo "giardino" e a curare le pianticelle. Quando?

Adesso, naturalmente!

Pensa ed il pensiero diventerà realtà

Quando pensi o in qualsiasi altra forma invii delle informazioni al tuo cervello, imprimi nel tuo cervello un modello prestabilito di sensazioni. Visualizzare qualcosa influisce sulle emozioni proprio come lo fanno le esperienze e le avventure, così come lo fanno l'educazione e l'ambiente.

Anche la cultura, i programmatori chiamati Mass-Media, Film, libri e gli aggiornamenti hanno una forte influenza. Tutto ciò forma il tuo modo di pensare ed il tuo modo di essere.

Prima che qualcosa accada nella tua movimentata vita, deve essere prima pensata e poi programmata da te. E più lo farai in maniera intensa, chiara e carica di sentimenti, più efficaci risulteranno le tue programmazioni!

Esempio: "Hai un traguardo che ti motiva e ti stimola?" Bene, allora immaginati come sarà, quando hai raggiunto questo traguardo. Immaginati in questo affascinante ed eccezionale film. Non fare ora, l'errore che fanno la maggior parte delle persone, credendo: "Visto che l'ho visualizzato ora deve accadere": No! La prossima domanda è: "Che cosa posso fare oggi, per avvicinarmi ancora di più a questo traguardo?"

Prima pensare, poi agire!

I sentimenti sono la più grande fonte energetica della nostra vita

Durante il tuo viaggio, il tuo veliero ha bisogno di vento, molto vento, e nei momenti di calma, userai il motore di bordo e del carburante. I sentimenti sono il tuo carburante, il tuo vento! Sono l'acceleratore del tuo meraviglioso viaggio.

Ma stai attento:

"Queste sorgenti d'energia ti possono spingere in tutte le direzioni! Verso amore, piacere, divertimento ed entusiasmo ma anche verso odio, invidia, ira e gelosia, alcune ti portano avanti altre ti frenano ed addirittura ti rimandano indietro."

Qui di seguito desidero darti un'idea efficace, per come attivare la tua grande centrale elettrica: "Concediti 60 minuti del tuo prezioso tempo, cerca delle foto con ricordi belli e piacevoli, scrivi tutto ciò che ti fa piacere, quello che ti motiva e di cui sei fiero. Poi presta attenzione a ciò che provi..."

Questi appunti stimolanti li puoi sempre rileggere, soprattutto quando il forte vento in poppa mancherà. Loro faranno ripartire il tuo motore di bordo e ti permetteranno di proseguire il tuo viaggio.

La persona più importante nella tua vita?

Semplicissimo. Guardati allo specchio e la riconoscerai. Si, tu sei la persona più importante nella tua vita meravigliosa e avvincente. E questo non è ne egoismo, ne presunzione!

Ti piace veramente l'immagine che vedi allo specchio oppure appartieni anche tu a quel gruppo di persone, che al mattino guardando nello specchio dicono: "Non ti conosco - Non mi lavo? Sì, sì o.k., lo so che mi piaccio." Veramente? Sicuro? Così come sei, con tutte le tue caratteristiche? Bene, allora il test seguente, sarà molto semplice per te.

"Vai davanti allo specchio e muovi la tua bocca formando un bacio. Guardati negli occhi e dì, gentilmente e pieno di entusiasmo: io ti amo!" (smile).

Se nell'eseguire questo test, provi delle strane sensazioni e la muscolatura del tuo viso non fosse completamente rilassata, vuol dire che devi fare ancora parecchia strada per arrivare a possedere il tuo *amor proprio*. Come puoi piacere agli altri se nemmeno tu, ti piaci?

Viene tagliato e per ben 56 volte graffiato dalla levigatrice, cosí scoperto e maltrattato, alla fine riceve la nostra attenzione. Si il suo valore viene protetto molto volentieri da un Monopolio.
Nonostante ció, sotto un fortissimo fuoco artificiale si trasforma in fumo come noi esseri umani.

L'investimento e stato ripagato. Con un lavoro di precisione e pazienza, un tesoro prezioso e sfavillante è stato riportato alla vita!
Qualche volta pensiamo che la vita sia "da levigare", ma chi crede in se e nella "vittoria", verrà pienamente ricompensato.

Anche in te c'è una vincitrice - un vincitore

Domanda:

"Prenderesti parte ad una corsa, con 2 milioni di partecipanti, sapendo già da ora, che solo il vincitore sopravviverá e tutti gli altri moriranno?"

La tua risposta sarebbe: "Non sono mica pazzo!". Ne sei convinto?

Tu questo lo hai già fatto! Era la corsa alla fecondazione dell'ovulo. Tu hai raggiunto per primo l'ovulo e sei stato "the winner".

Congratulazioni! Fin dall'inizio in te esiste la sindrome del vincitore. Purtroppo sembra che in molte persone, questa sia stata dimenticata invece d'essere presente e vitale. Lasciala libera in modo che si possa manifestare e crescere.

Prepara oggi il tuo "album del vincitore" e presta attenzione a tutti i piccoli premi e piccole vittorie che ottieni in una giornata. Scrivi una lista, e quando non ti sentirai un vincitore, leggila e rileggila. Vedrai che ti sentirai di nuovo bene.

La più grande opportunità della tua vita - il tuo subconscio non vede

Il tuo subconscio guida automaticamente le funzioni del tuo corpo e lascia sviluppare tutte le informazioni che tu gli proponi. Lo puoi paragonare ad un registratore, il quale ininterrottamente registra tutto ciò che viene trasmesso attraverso i tuoi canali sensoriali.

La cosa più importante per i tuoi desideri, sogni, e traguardi é il fatto che "il tuo subconscio non può distinguere tra realtà, fantasia e sogno!". Spaventoso? No, al contrario!

Questa è l'opportunità della tua vita! Invia alla tua super-memoria immagini chiare dei tuoi obiettivi, come se fossero già stati raggiunti. Il tuo subconscio comincerà subito a creare delle circostanze, a mostrarti delle concrete possibilità e a pilotare le tue decisioni in modo tale che l'immagine suggerita diventi al più presto possibile, la tua realtà. Scommettiamo...?

La fiducia in se stessi, un tema per (quasi) tutte le persone

Spesso l'arroganza viene scambiata per forte autostima. Invece è vero l'incontrario. Dietro all'arroganza si nasconde un essere insicuro e vulnerabile. La mancanza di fiducia in se stessi è un tema che interessa moltissime persone, e questo non è certo una vergogna! Anche tu sei stato bambino e durante questo periodo il tuo cervello registrava: "Io sono piccolo e gli altri sono grandi, io non sono capace di fare (ancora) niente e gli altri sanno fare tutto."

Oggi sei sì grande, ma il tuo computer e i vecchi programmi sono saldamente fissati e ancora esattamente gli stessi. Certamente si sono aggiunte molte esperienze nuove, ma purtroppo i vecchi schemi hanno su di te, gli stessi effetti di allora. Desideri cambiarli?

Allora ripeti più volte giornalmente: "Ho fiducia in me stesso. Io credo in me e nelle mie capacità".

Per rendere questo esercizio di autosuggestione ancora più effettivo, cerca nella tua vita le esperienze che confermino queste parole, fai una lista e poi leggila regolarmente.

Dopo qualche tempo avrai una nuova immagine di te: una persona piena di fiducia in se stessa!

Il mio subconscio, il mio registratore, i miei CD, i miei DVD, il mio PC

Se tu hai registrato la musica di Louis Armstrong, non pretenderai poi, di ascoltare melodie di Michael Jackson.

No! Potrai solo ascoltare Louis Amstrong. Che cosa ti aspetti, quando registri su un DVD un film erotico? Di vedere poi una lezione di matematica per bambini? No! "Trasmetterà erotismo!"

E che cosa ti aspetti, quando tu sul tuo computer memorizzi un programma di letteratura. Non ti aspetterai certo di trovare poi dei programmi di contabilità?

E che cosa uscirà se nel tuo cervello e nel tuo subconscio memorizzi azioni violente, racconti d'orrore, notizie di tragedie, catastrofi, disgrazie? Pensi forse, che possa uscirne una persona equilibrata, piena di amore, di armonia e piena di motivazione che pensa ed agisce in direzione meta?

Decidi tu, quello che vuoi ottenere, e poi scegli in modo intelligente!

Se tu potessi scegliere, che tipo di persona essere

Come sceglieresti di essere? Saresti un/una partner amorevole? Tranquillo, equilibrato e in armonia?

Pieno di fiducia in te stesso e d'autostima? Zelante, disciplinato e perseverante? Desideroso d'imparare e avido di sapere? Sportivo, sano e in forma? Socievole e tollerante?

Duro ma corretto e dai principi chiari? Lungimirante, coraggioso, motivato e con una fantastica memoria? Leggeresti ed avresti un profondo sapere? Ameresti ed accetteresti le persone per come sono? Concentrato e creativo? Affettuoso e ordinato? Sapresti mostrare la tua gioia? Sapresti lasciar perdere? Saresti sincero? Tutto questo è positivo perché: "Tu puoi scegliere ... !".

Ora scegli come vuoi essere, e con attenzione e affetto, prendine nota usando le seguenti parole: "Io sono ..."

Leggi con gioia questo testo entusiasmante due volte al giorno, e prova ad immaginare quello che senti ad essere questa interessante e amorevole persona!

VI.

Ricchezza - più che una sola parola afferrabile e fattibile

La ricchezza materiale è anche un (tuo) desiderio?

(per molte persone una domanda essenziale)

Una volta qualcuno ha detto: “Il denaro diventa un problema solamente quando ne hai poco.” Purtroppo questa esperienza negativa la posso pienamente confermare.

Tuttavia questo ”detto” mi è servito pochissimo a migliorare.

Per prima cosa, bisogna eliminare i sentimenti conflittuali che emergono quando si parla di denaro.

Desiderare del denaro non ha niente a che fare con una sprezzante ricchezza, perché tu vivi in una cultura dove il denaro è importante. Il denaro è solo un neutrale mezzo di scambio. Esso è l’indice delle tue azioni e non un’espressione della tua intelligenza e di duro lavoro.

Il denaro è qualcosa di fantastico e bello. Se tu vuoi aiutare qualcuno, pensa che puoi dare solo ciò che possiedi, indifferente se denaro, amore o gratitudine.

A questo riguardo Bodo Schaefer ci ha dato un consiglio molto efficace: ”Chiediti quali siano le Entrate Prodotte dalla tua Attività” (EPA). Come puoi aiutare altre persone?”

Da oggi, ogni giorno, prima di tutto, porta a termine queste EPA!

Il più semplice principio per la ricchezza

(Legge fondamentale)

È talmente semplice da sembrare quasi ridicolo. Non sottovalutarlo. È più di quanto tu possa immaginare in questo momento.

La formula è: “Spendi ogni giorno meno di quanto guadagni!”

Non ti arricchisce il grande guadagno, bensì il tuo rapporto con l’amato denaro, questo rapporto, ti può rendere ricco o povero.

Certamente, se tu hai debiti e devi prima di tutto estinguerli, hai la sensazione di trovarti in una via senza uscita. Qui ti può aiutare solo una cosa: ”Analizza quanto guadagni regolarmente e in modo sicuro; pianifica nuovamente le tue spese e gli ammortamenti; e attieniti con precisione a quanto analizzato.”

Ancora un punto molto importante da ricordare: ”Pianifica in modo tale, che tu possa mettere da parte il 10% del tuo guadagno, anche nel periodo degli ammortamenti.”

Se ti sembra che questo percorso sia troppo lungo, guardati in giro: A chi e in quale modo possono tornare utili le tue esperienze e capacità? Di quante entrate disponi ulteriormente, utili a generare altri guadagni?

Chi non rispetta il centesimo, non si merita l'euro!

(Saggezza popolare)

Ti sei mai chiesto, in che cosa consista il tanto ambito milione? Giusto, è il risultato di tanti singoli euro, franchi, dollari ecc.

Noi facciamo le cose più impensate, più assurde, pur di raggiungere il tanto desiderato milione.

Giochiamo alla lotteria, alla roulette, facciamo scommesse e molte altre cose.

"Se io avessi un milione, sarebbe tutto diverso. Lo accoglierei come un caro amico, lo coccolerei e lo curerei."

Questo è veramente assurdo, uno scherzo di pessimo gusto!

E cosa ne fai del singolo euro, dollaro, franco? Questi sono i piccoli fratelli del grande milione.

Li trattiamo male e senza rispetto, li spendiamo senza un minimo d'attenzione seguendo la massima: "Questo non costa molto, che cosa sono poi 20 euro, dollari o franchi?".

Vuoi veramente diventare per sempre ricco?

Allora mettiti alla prova e controlla: "Come tratti i tuoi spiccioli?"

Risparmiare è divertente, se controllo ...

La cosa più seccante nel risparmiare è che uno non si può permettere nulla.

Ci mancano così, le nostre piccole (inutili) compere autovizianti. Chiaramente so, che ne potrò acquistarne più tardi.

Quando poi arriva il momento, posso comperare nuovamente quello che desidero, ma non risparmio più. Anzi faccio esattamente il contrario. Spendo del denaro! Il mio cervello deve quindi imparare ad avere piacere anche nel risparmiare e non solo nello spendere!

Il seguente atteggiamento ti può aiutare: "Il risparmiare non è una rinuncia, bensì il raggiungimento di una meta percorrendo un'altra via."

Funziona così:

1. Stabilisci una somma da risparmiare che ritieni facilmente raggiungibile.
2. Raddoppia la somma, perché tu puoi molto di più, di ciò che pensi.
3. Disegna una colonnina di misurazione, in cima alla quale si trova l'importo della somma da risparmiare.
4. Riporta ogni giorno quello che hai già raggiunto.
5. Stabilisci quale ricompensa ti concedi, al raggiungimento del 10,20,30% ecc. di risparmio.

I diamanti più preziosi sfavillano e mostrano la loro assoluta bellezza solo quando anche nell'interno di una persona i "diamanti" brillano.

Per diventare ricco, devi scoprire la ricchezza nella tua vita

Vuoi veramente accumulare ricchezza nella tua vita?

Ne sei sicuro? E quanto vale questo per te? Che cosa sei disposto a fare per ottenerla? Ne sei ancora sicuro? Va bene, allora affrontiamo la questione! La base irrinunciabile per questo traguardo è un sentimento fortissimo e magnetico quasi magico, che tu devi sentire crescere dentro di te. Questo lo devi alimentare giornalmente, come fosse il fuoco di un camino.

L'esercizio seguente ti aiuterà senza costarti nulla: "A partire da oggi concentrati giornalmente, ovunque tu sia, sulla ricchezza attorno a te. Osserva le strade ben costruite e collegate, le insegne stradali, i semafori, le case, le automobili, i gioielli, i vestiti, la tua casa accogliente, la televisione, la radio, gli alberi carichi di frutti, il cibo sempre a disposizione, i bellissimi fiori, la tua salute e le tue capacità. "Prestaci attenzione e scoprirai: "Il mondo è pieno di ricchezze."

Per poter diventare ricco, devi prima sentirti veramente ricco, dentro di te.

Sì, accendi dentro di te il profondo sentimento della ricchezza!

Io sono un generatore di valori

Se nel tuo lavoro riesci a produrre un oggetto pregiato facendo guadagnare al tuo titolare, più di quanto abbia speso, allora hai prodotto un valore.

Se vendi un prodotto pregiato ad un cliente, che si sente così più felice e più ricco, di quando il suo denaro era depositato in banca, sei un generatore di valori.

Se aiuti qualcuno, lo consigli al meglio e lui ottiene un maggior utile di quanto abbia pagato a te, sei un generatore di valori.

Se dipingi un magnifico quadro e l'acquirente n' è talmente felice, sei un generatore di valori.

Diventa consapevole: "Con che cosa generi valori? Che cosa rende il tuo agire così prezioso per gli altri?"

Adesso rallegrati e ripeti 100 volte a voce alta: "Io sono un generatore di valori."

VII.

Consigli dei grandi pensatori - comprendere e mettere in pratica

Tu sei ciò che pensi, per tutta la giornata

(Henry David Thoreau)

"Con quali atteggiamenti e sentimenti desidereresti vivere domani? Come vuoi che sia la tua vita futura?"

Per poter vivere una vita avvincente e appagante, per poter essere quella persona amata e corteggiata che desideri ardentemente essere, devi già da ora pensarci!

Perciò decidi ora:

"Come e cosa vuoi essere? Quali pensieri e sensazioni ti possono aiutare?"

Ora chiediti: "Dove hai già vissuto tali pensieri e sensazioni?

Quali persone conosci che sono come desidereresti essere tu?

Come ti immagini la giornata di domani se scorresse come tu la desideri?".

Un appassionato consiglio:

"I pensieri che ti frullano per la testa, prima di addormentarti continuano ad essere attivi anche di notte. Essi si rafforzano e si consolidano!" Approfitta di questa preziosa conoscenza.

La storia di un'arancia

Dopo che un allievo, per incarico del suo maestro, aveva tentato senza successo di vendere delle arance al mercato, ritornò indietro completamente demotivato e protestando con rabbia contro le persone, che non avevano voluto comperare le sue arance.

Il maestro scosse la testa e chiese: "Se io spremo le arance, che cosa ne ottengo?" "Succo d'arancia naturalmente." Rispose il ragazzo. "Giusto e se io le batto con un martello, che cosa ne uscirebbe?" "Anche in questo caso del succo d'arancia." Brontolò l'alunno." "E se sopra ci passasse un mulo, che cosa ne uscirebbe?" "Ne uscirebbe sempre del succo d'arancia." Rispose l'alunno piuttosto stizzito.

Il maestro allora intervenne con voce pacata: "L'arancia risponde quindi sempre con ciò che ha dentro, indifferente quello che le viene fatto. Metti una persona sotto pressione. Se reagisce con odio, rabbia, invidia questo è quello che lui ha dentro."

Che cosa esce da te, quando sei sotto pressione?

Perché possa uscire amore, devi prima imparare ad amarti ed accettarti.

Una frase che ti potrà aiutare è la seguente suggestione:

"Mi amo e accetto me stesso." Ripetila 50 volte al giorno in modo chiaro e forte per un periodo di 6 mesi.

La fede sposta le montagne

(1 Corinti 1,2)

Già lo scrittore Friedrich Schiller diceva: "Tutto vacilla, dove la fede manca."

Io non parlo di fede religiosa. Credere, significa essere convinti di qualcosa in modo assoluto e fermo, senza mai dubitarne.

I dubbi sono i distruttori, che intaccano in silenzio le grandi idee! Perciò fai di tutto per avere sempre la massima sicurezza che il tuo progetto si avvererà. Qui ancora un consiglio: "Prima di parlare con qualcuno del tuo grande progetto, fissalo e rafforzalo prima di tutto, in te stesso."

Ogni desiderio, ogni sogno, ogni meta sono all'inizio come una piantina fragile. In questo momento i dubbi, i ripensamenti, i consigli "dati a fin di bene" da altre persone, possono distruggerla facilmente.

Prima di comunicarli ad altri, poniti le seguenti domande: "A che cosa devo poter credere affinché sia possibile raggiungere la meta? Che cos'è che inoltre potrebbe aiutarti? Quando e dove, hai avuto già a disposizione queste capacità, questo sapere, queste risorse?"

La libertà è la possibilità di realizzare i propri obiettivi

Non viviamo, forse in un periodo fantastico? Abbiamo il mondo intero ai nostri piedi. Puoi viaggiare dove vuoi, scegliere il lavoro che preferisci, puoi realizzare tutte le idee per te importanti. Di che cosa hai bisogno? Sapere e potere!

Il sapere è il presupposto fondamentale per poter fare qualcosa!

Il potere si ottiene però solo attraverso il fare risoluto.

Questo è fantastico! Perché quasi tutto "il sapere" è a tua disposizione. Vai nella biblioteca più vicina e capirai che in tutta la tua vita, non riuscirai a leggere tutto ciò che lì sta scritto. Naviga in internet e il tuo mondo del sapere cresce ancora con nuove conoscenze.

Tu hai la libertà, già da oggi, di iniziare ad afferrare e a realizzare i tuoi traguardi. Chi può impedirtelo, se non tu stesso? Fallo ora!

Il segreto del potere sta nel volere

Adesso veniamo al “potere”, questo è raramente un’arte.

Il tuo sano intelletto e le tue innate capacità che si trovano in te, bastano più di quanto tu pensi. Il resto lo ottieni esercitandoti, esercitandoti, e nient’altro che esercitarsi.

Qual’è il modo giusto per un costante e coerente esercitarsi, anche nei momenti meno divertenti? Di che cosa hai bisogno per superare dolorosi insuccessi e per trovare la forza di rialzarti anche dopo pesanti cadute?

Hai solo bisogno del tuo “volere”. Questa è la verità che tutti conosciamo.

La domanda è: ”Che cosa puoi fare, nel momento in cui ti sembra di percepire una vocina dentro di te, che ti vuol far credere, che tutto è inutile e che faresti meglio a lasciar perdere?”. In questo momento difficile devi visualizzare tutto quello che riuscirai a raggiungere se sarai forte, se tieni duro e se non cedi.

Pensa a come sarà la tua vita, quando avrai raggiunto la tua meta. Inoltre potrebbe anche essere, che proprio in questo momento ti trovi ad un solo passo dal traguardo e dal tuo successo.

Non ti perdoneresti mai di esserti arreso.

Singolarmente siamo parole, insieme una poesia

Una sinfonia è formata da migliaia di note. Singolarmente sono semplici toni, insieme danno come risultato, una composizione completa, meravigliosa ed armonica.

Da solo tu sei un tono armonioso molto importante nell'universo. Senza di te mancherebbe qualcosa a questa melodia. Purtroppo però ti puoi realizzare solo se tu ti senti veramente parte del tutto. Come?

Il tuo contributo a quest'opera meravigliosa è nascosto nelle tue capacità e nelle tue doti.

Scoprile ed inizia a pulire e intagliare questi preziosi diamanti e portali alla massima brillantezza!

La cosa migliore in tutto questo: "Il sapere, che quando sveglierai tutto ciò che sin dalla nascita è riposto in te, e lascerai agire quest'opera fin'ora nascosta, tanti dei tuoi problemi si risolveranno in un battibaleno."

Quando mangi, allora mangia; quando cammini, allora cammina; quando corri, allora corri.

(Saggezza Zen)

Ma questo io già lo faccio! Pensi tu. Sicuro? Proprio sicuro?

Non è forse vero che: "Mentre mangi pensi già a dove andare - e quando vai, pensi già a correre? Fai ciò che fai sempre cosciente e concentrato, e fai solo quello!"

Che ne ricavi? La concentrazione favorisce risultati precisi e rapidi, la qualità del tuo lavoro migliorerà e raggiungerai effetti positivi come, pace interiore, vivere più sano e avrai più tempo. Ed è proprio il tempo oggi ad essere più importante che mai.

Avrai così il vantaggio di usufruire del tempo in modo migliore.

Sei forse dell'idea che se fai contemporaneamente più cose, di essere più veloce ed effettivo? Completamente sbagliato!

Prova a fare questo test: "Togli dalla tua scrivania, tutto ciò di cui adesso non hai bisogno e mettici solo quello con cui stai lavorando ora."

Constaterai di essere più redditizio e più veloce!

Non sono mai stato povero, solo avvilito; essere povero è l'immagine interiore.

(Mike Todd)

"L'essere avvilito è una situazione temporanea..."

Cambiare un'immagine interiore preconcetta e saldamente ancorata è ancora più difficile, che rialzarsi dopo una caduta e affrontare di nuovo il cammino!

Conosci il detto: "I ricchi diventano sempre più ricchi, i poveri sempre più poveri". Perché? Perché entrambe, ricchezza e povertà, sono un problema del modo di sentirsi interiormente e non di circostanze esterne. Il ricco deve quotidianamente "difendere" la sua ricchezza, così come il povero, la sua povertà!

Il desiderato cambiamento può però subentrare solo se avviene dall'interno. Come? Osserva giornalmente: "Come ti sei comportato oggi con il tuo denaro, come hai deciso?" Analizza in modo preciso e sincero, e poi cambia, nei tuoi pensieri, questo film come se tu avessi già agito in modo corretto.

Scoprirai con stupore, che la prossima volta, nella stessa situazione ti comporterai diversamente, o per lo meno ti renderai conto immediatamente di agire seguendo ancora il tuo *vecchio modello* di comportamento.

Oggi è il mio giorno migliore!

(Libro di Arthur Lassen)

Una persona intelligente una volta disse: "Ogni mattino, quando mi alzo, ho la scelta tra l'essere felice e rallegrarmi o l'essere infelice e sentirmi male. Non sono mica stupido, scelgo di essere felice!".

Forse adesso pensi: "Non è poi così semplice. Lui lo può dire. Se avesse le mie preoccupazioni nemmeno lui potrebbe essere felice".

Domanda: "Secondo te, quando è il momento migliore per affrontare i problemi? Quando ti senti pieno d'entusiasmo e felice o forse quando sei privo di energia e di coraggio per pensare a delle soluzioni?"

Sicuramente quando sei pieno d'energia e pieno di gioia di vivere, anche se il tuo problema non scompare (non ancora), la tua predisposizione e il tuo atteggiamento cambiano.

Solo così riuscirai di colpo a cambiare direzione e imboccare la strada giusta.

Come? Compila una lista di cose ed avvenimenti che ti stimolano e ti caricano di motivazione. Leggila ogni giorno e rivivi nella tua mente questi momenti meravigliosi che ti permetteranno di ricaricarti. Oppure leggi il libro "mein iPowerbuch" dell' autore Franz X. Bühler.

Prenditi il tempo!

Prenditi il tempo per lavorare:
è il prezzo del successo.

Prenditi il tempo per riflettere:
è la sorgente della forza.

Prenditi il tempo per giocare:
è il segreto della gioventù.

Prenditi il tempo per leggere:
è la base del sapere.

Prenditi il tempo per essere gentile:
è la porta della felicità.

Prenditi il tempo per sognare:
è la strada verso le stelle.

Prenditi il tempo per amare:
è il vero piacere della vita.

Prenditi il tempo per essere allegro:
è la musica dell'anima.

Prenditi il tempo!

Vivere vuol dire imparare dalla natura

Dal sole imparare - a riscaldare.
Dalle nuvole imparare - a librarsi.
Dal vento imparare - a dare delle spinte.
Dagli uccelli imparare - a guadagnare in altezza.
Dagli alberi imparare - ad essere perseveranti.

Dai fiori imparare - a brillare.
Dalle pietre imparare - ad essere stabile.
Dalle foglie in autunno imparare - a lasciarsi andare.
Dalla pioggia imparare - a espandersi.
Dalla terra imparare - a rinnovarsi.
Dalla luna imparare - a cambiarsi.
Dalle stelle imparare - che la vita va sempre avanti e ricomincia sempre di nuovo.

Nel nostro mondo non ci sono esclusi

(Josef Murphy)

Ti senti inutile, ti senti oppresso e forse pensi: "Tutto è assolutamente senza senso". Allora rifletti: "Nel nostro mondo non ci sono persone inutili e senza un loro posto. Ogni persona ha il suo compito. Anche di te c'è bisogno!

Trova, chi e come, puoi aiutare con le tue capacità e poi prendi una decisione!"

Le tue particolari e uniche capacità vengono richieste, e non le tue debolezze!

Chiediti subito e scrivi: "Che cosa sai fare particolarmente bene? In che cosa sei forte? Che cosa ti rende prezioso?"

Ogni essere umano, anche il più particolare, è una parte del tutto. Anche di lui c'è bisogno! E questo anche se fosse solo per aiutare te ed altri a poter progredire!

VIII.

Abitudini che ti aiutano a progredire

Agisci ora!

(Nike)

Affronta oggi il problema più importante, più sgradito e più opprimente. Un problema che già nel passato, non solo ti è costato molta energia e ti ha limitato, ma addirittura ti ha paralizzato, facendo sì che tu, sentendoti a disagio, lo hai continuamente allontanato da te.

Analizzalo bene e suddividilo in piccoli lavori realizzabili.

Ora affronta il lavoro in modo deciso e premiati ogni volta che hai raggiunto la meta intermedia.

Alla fine della giornata guarda con soddisfazione al tuo lavoro compiuto e godi la piacevole, calda sensazione che senti crescere in te, nel constatare di essere ora una persona d'azione.

Da persona passiva sei diventato imprenditore. Mi congratulo!

La formula vincente è: "Agisci ora!"

Che cosa posso fare oggi, per avanzare nella direzione delle mie mete?

(una domanda che si pongono regolarmente le persone che hanno successo)

E se accanto agli impegni importanti e assolutamente indispensabili riesci a fare solo un piccolo passo verso il tuo obiettivo, fallo!

Ogni giorno fai fiducioso un passo avanti in direzione dei tuoi avvincenti e stimolanti desideri, sogni e traguardi.

Fissati subito al mattino come primo compito la tua mossa speciale o forse ancora meglio la sera prima, e poi eseguila con diligenza e coerenza!

Se ogni giorno riesci a percepire dentro di te quanto vicine siano le tue meravigliose mete, allora in te si sveglieranno incredibili e insospettate energie. Vedrai che in breve tempo sentirai crescere in te una forza carica di aspettativa, d'impazienza e tensione.

A questo punto non desideri altro che pianificare ed effettuare la prossima mossa vincente.

La pazienza del coltivatore di bambù è stata premiata. Il bambù è alto, forte e bello. La meritata ricompensa per quattro lunghi anni di amorevoli cure.

La pazienza, una virtù spesso dimenticata...

(esempio abbreviato da un libro di Bodo Schaefer)

Piantare una pianta di bambù, richiede di saper pensare a lungo termine e di avere fiducia. Il coltivatore di bambù per prima cosa pianta con attenzione i germogli.

Poi copre la superficie del terreno con il fieno. Ogni mattina lui annafia i germogli, estirpa le erbacce e smuove il terreno. Ogni giorno, per quattro lunghi anni, nei quali lui non vede i suoi germogli, non sa se le sue premure verranno premiate; non sa neppure se i germogli sono ancora vivi.

Finalmente, trascorsi i quattro anni, i germogli spuntano in superficie. In solo 90 giorni raggiungono l'altezza di 20 metri.

E tu che cosa aspetti? Che cosa hai seminato, senza essere certo quando e se ci saranno mai germogli?

Vai avanti, tieni duro, cura e coccola la tua semina e rallegrati per il giorno in cui per la prima volta vedrai spuntare le loro tenere punte per poi crescere con un'incontenibile forza.

Il tempo è la mia sorgente più preziosa

L'unica cosa che nella nostra vita possiamo veramente "perdere" è il tempo. Una volta trascorso, è irrimediabilmente perso! Il tempo è vita. Il tempo è il parametro dell'esistenza! Sostituisci la parola "tempo" con la parola "vita" e giudica tu stesso: "Io non ho tempo da perdere!" questa frase cambia ora in: "Non ho vita da perdere!"

La regola del 80/20 di Pareto ci rende bene l'idea: "Noi raggiungiamo con il 20% di spesa l'80% dei risultati.

Nel 20% del tempo a disposizione realizziamo l'80% del lavoro produttivo. Con il 20% dei clienti otteniamo l'80% del fatturato. Nel 20% del tempo accumuliamo l'80% delle esperienze." Prova ad immaginare che cosa potresti ottenere se tu utilizzassi in modo corretto anche solo il 50% del tuo tempo della tua vita!

La domanda è: "Come puoi ottenere il cambiamento?" Io mi sono accorto, che nel momento in cui ripetevo la seguente frase: "Il tempo è la mia sorgente più preziosa, per ciò la uso con cura per attività che portano a risultati" per 50 volte al mattino e 50 volte alla sera, cominciavo automaticamente ad utilizzare meglio il mio tempo.

Parlare è argento ...

(parte di una saggezza popolare)

"... ed il silenzio è oro, dice il detto popolare."

Questo detto popolare è più che giusto in alcuni casi, purtroppo in molti altri no. Esso contraddice tutte le conoscenze della fisica dei quanti.

Le coppie che quotidianamente stanno seduti passivamente davanti alla televisione; che nei fine settimana passano da una visita all'altra; che organizzano continuamente delle feste noiose; che curano individualmente, nelle belle e preziose serate, la vita di società, prendendo parte agli innumerevoli appuntamenti nei loro numerosi comitati, per poter ottenere la tanto cercata e desiderata autoaffermazione; non possono poi rimanere sorpresi, se non hanno più niente da dirsi.

Perciò: "Prendi il destino nelle tue mani, anzi per meglio dire, nella tua bocca e parla! Parla di tutto, scambia esperienze avvincenti, non importa quali, ma parla." La forza della comunicazione è uno dei doni più pregiati ed economici che alla nostra nascita abbiamo ricevuto.

Solo il silenzio allontana e induce le persone a crescere separate, le une dalle altre.

Non cedere mai, mai, mai!

(il discorso piú breve di Churchill)

Nel momento in cui tu cedi e smetti di continuare a cercare e a credere in una soluzione, tutto crolla provocando un notevole fragore.

Molti si dimostrano comprensivi, anzi cercano di convincerti ad ammettere che qualche cosa non ha funzionato!

Tu hai dato tutto quello che potevi, ti sei sacrificato fino a consumare le tue ultime energie. Hai dimostrato a tutti che questo per te era molto importante. Quindi anche se ora cedi e crolli la tua coscienza è a posto. O no?

No - non farlo! Se tu ora smetti distruggi una parte della fiducia in te stesso e della tua autostima.

Non importa quanto ti sia già costato, era un investimento per il tuo apprendistato! Vuoi veramente che sia stato del tutto invano?

Non cedere, non significa che tu debba sforzare un risultato.

Può però significare: "Se una strada non porta alla meta ce ne sarà senz'altro un'altra. Una c'è: trovala!".

Informati e scopri chi ha già superato questo problema, questa sfida e chiedi loro un consiglio.

Scopri la bellezza negli altri

Questo giorno deve diventare davvero unico e speciale.

Intraprendiamo assieme un viaggio esplorativo molto speciale!

"Oggi scopri in ogni persona, che incontri qualcosa di bello!".

Può essere anche un semplice particolare, come la bella forma del suo naso, la bella bocca ben formata, la voce piacevole, i gioielli preziosi oppure i vestiti eleganti che lei/lui indossa, il suo comportamento comprensivo che lei/ lui dimostra nei tuoi confronti o nei confronti di altre persone.

È indifferente che cosa scopri ... e adesso osserva te stesso: "Come ti senti in questa situazione?" Come reagiscono le persone interessate? Si, Anche loro reagiranno in modo diverso, perché tu con il tuo nuovo modo di pensare hai cambiato anche il tuo comportamento. Quello che tu emani, prima o poi ritorna sempre indietro.

Che cosa ne pensi, se di questa "sindrome dell'esploratore" ne fai una piacevole abitudine per diventare così una persona benvoluta e piacevole? Riesci ad immaginare, quanto sia più facile ad ottenere le cose con un comportamento così brillante?

Fai quello di cui hai paura, e la paura sparirà!

(Saggezza popolare)

Quante volte hai rinviato di fare cose che ti sembravano spiacevoli, che affrontavi malvolentieri, delle quali hai sempre avuto un gran timore o sentito una così grande paura che ti paralizzava? Hai trovato sempre mille scuse per dire che oggi non puoi affrontarle.

Questo è completamente assurdo e paradossale: "Portarsi appresso problemi irrisolti è come se tu le pietre raccolte durante un'escursione in montagna le lasciassi nello zaino e le portassi appresso nella prossima escursione. Giorno dopo giorno lo zaino diventa sempre più pesante. Ti opprime e ruba tutte le tue preziose forze."

Ammetti: "Spesso quello che tu avevi a lungo rimandato lo hai sbrigato in poco tempo ed era molto meno spiacevole di quanto temevi!"

Fai le cose più importanti oggi, altrimenti domani diventeranno urgenti - e presta attenzione alle tue sensazioni.

La regola delle 72 ore

Tutto quello che tu ti proponi, ma non inizi a farlo entro 72 ore, nasconde in sé la grande possibilità che questo tu non lo faccia mai. Questo indebolisce la fiducia in te stesso.

Quando trovi qualcosa d'interessante, sia in questo libro, sia in un corso interessante, sia un buon consiglio che qualcuno ti ha dato, fai immediatamente quanto segue: "Pianifica in modo consapevole questa attività o questo comportamento e scrivilo nella tua agenda - e fallo, fai il primo passo entro 72 ore!"

Vedrai che sarai molto orgoglioso di essere una persona d'azione invece che una persona di sole parole.

Solo le cose che fai, hanno un effetto e non le cose che tralasci o di cui solamente parli.

Sulla tua tomba nessuno citerà quello che hai progettato ma non realizzato.

Tu vieni valutato in base alle tue azioni. Che cosa vuoi fare nelle prossime 72 ore? ... Fallo.

Stai già scrivendo un diario dei successi?

(Bodo Schaefer)

Che cos'è?

Un diario dei successi è un libro, un ordinatore o un quaderno nel quale tu ogni giorno riporti i tuoi piccoli, medi o grandi successi. Tutto ciò di cui sei fiero e che in te produce una piacevole sensazione. Cose che con costanza hai affrontato e realizzato.

Successi come: "Ho svolto le 3 telefonate che da tempo rimandavo. Ho fatto un complimento ad una persona. Ho aiutato una persona anziana ad attraversare la strada. Oggi mi sono ricordato d'annaffiare i fiori."

A che cosa dovrebbe servire?

Questa idea se usata con parsimonia è la più vantaggiosa idea per rafforzare la fiducia in te stesso e l'autostima. Quest'ultima ne ha sofferto in quasi il 99% delle persone.

E chi pensa, che questo non lo riguardi, potrebbe averne più bisogno degli altri.

Solo nel silenzio crescono le cose veramente grandi

Sei capace di lavorare con la massima concentrazione anche quando sei in mezzo ad una festa allegra e rumorosa?

Sei veramente certo, che grandi idee possano nascere in mezzo al caos più assoluto?

Gli ultimi studi scientifici effettuati sul cervello umano, dimostrano che questo è quasi impossibile.

Concediti il tuo meritato riposo. Lascia alle tue spalle la frenetica giornata e liberati da schemi prefissati ancora attivi!

Solo così puoi caricare la tua "RAM", la tua memoria lavorativa, con il materiale adatto ed indispensabile per generare nuove idee, creazioni o nuove soluzioni di progetti.

Adesso poni al tuo "supercomputer" domande finalizzate concedendogli il tempo necessario per trovare tutte le combinazioni creative possibili.

Le grandi idée si annunciano spesso in modo lieve e sottovoce.

Come pensi di poterle percepire, se attorno a te tutto viene sovrastato da chiasso e baccano?

Comportati così, come se ...

Al famoso clown Rolf Knie venne fatta, in una intervista, la seguente domanda: “Che cosa succede quando un clown poco prima di andare sul palcoscenico, riceve un’orribile notizia? Come può in un momento tale, eseguire il suo programma di scherzi e giochi, entusiasmando e divertendo il pubblico?”

La sua breve risposta: ”Comportati così, come se...!” Comportati come se tu stessi bene e come se non fosse successo niente, dai il massimo, immedesimati pienamente nel tuo ruolo e recitalo con forti emozioni. Vedrai che poco dopo, incominci a sentirti proprio così.” Comportati come se tu fossi già quella persona entusiasta e preziosa, che desideri essere. Interessati dei viaggi e delle cose che poi ti concederai. Visita le mostre dove troverai tutto quello che farà parte della tua emozionante vita. Frequenta le persone che vivono già dove anche tu vuoi arrivare.

Ma attenzione: ”Non scambiare il ”comportati cosi, come se...” con il credere di poter già da ora prenotare viaggi, ordinare l’auto dei tuoi sogni, di comperare vestiti nei negozi più costosi, tutte cose al disopra delle tue attuali possibilità!”

Prima deve avvenire in testa, poi passo per passo nella pratica.

Solo quando sai che cosa cerchi, la puoi trovare!

La storia del cavatappi stregato...

Ti trovi in cucina davanti ad un cassetto aperto, contenente un'enorme quantità di posate, mestoli, coltelli ed altri utensili da cucina, e cerchi disperato un cavatappi:

Seccato dici alla tua partner: "Non riesco a trovarlo." Lei risponde: "Certo che c'è, devi solo cercare e guardare meglio!" Tu continui disperato a cercare. Ma è come se il diavolo ci avesse messo la coda. Non riesci a trovare quel maled ... cavatappi.

"Ma che forma ha questo cavatappi?" chiedi seccato e infastidito. La risposta arriva: "Ha un manico arancione." Nello stesso memento in cui tu senti la parola "arancione", lo vedi, lì proprio davanti ai tuoi occhi. Era stato sempre lì. Tu non lo hai notato, perché non sapevi di preciso, che cosa stavi cercando.

Questo succede con tutte le cose nella nostra vita: "Solo quando sai che cosa cerchi, lo puoi trovare".

E tu che cosa cerchi? Quali risposte? Come deve essere la tua vita? Rivolgi al tuo cervello domande precise e riceverai precise risposte!

La storia di una cipolla

Tu lo percepisci in modo molto preciso. Da qualche parte, dentro di te, c'è qualche cosa che continuamente ti intralcia.

Tu cerchi di migliorarti, di progredire, ma ti sembra di non riuscire ad avanzare anzi ti sembra di essere bloccato.

Il seguente confronto ti può aiutare: "Ogni persona è un essere molteplice, con un numero infinito d'esperienze, avventure e molti altri insegnamenti. È come una cipolla!"

Se vuoi arrivare al centro della cipolla devi sicuramente togliere diversi strati di bucce. Certamente al momento non sai, quanti strati ci siano ancora da eliminare per arrivare al centro. In questo caso ti aiuta solo una cosa: "Continua ad andare avanti!"

Tu ne vali la pena! Chissà, forse anche la tua desiderata meta é lontana di solo uno *strato di buccia di cipolla*, quindi molto più vicina di quello che tu pensi.

Non mollare! Mai! Altrimenti non sapresti mai come sarebbe se...

Inoltre le cipolle hanno pure una propria caratteristica: nel rimuovere le loro bucce fanno scorrere anche le lacrime.

IX.

Consigli che agevolano la vita

Ti senti debole? Cambia il tuo atteggiamento

(da Neuro Linguistic Programming - NLP)

Ci sono momenti in cui ci sentiamo deboli e sfiniti, questo è del tutto normale. Non è normale però restare in questo stato.

Certamente, puoi aspettare speranzoso che qualcuno venga a dirti parole incoraggianti e cerchi di tirarti su di morale.

Molto meglio sarebbe, se tu stesso affrontassi con decisione la situazione.

Quale soluzione preferisci?

Se vuoi fare da solo, il seguente esercizio ti aiuterà: "Siediti o rimani in posizione eretta, petto in fuori, spalle alzate, sorridi, mostra i denti, respira profondamente, chiudi gli occhi e mentre espiri pensa ad un momento piacevole della tua vita e batti sette volte sul tuo sterno." Questo esercizio lo ripeti 10 volte. Ora piega le braccia come se volessi mostrare i tuoi forti bicipiti, respira profondamente e quando espiri ripeti forte e chiaro: "Si! Io sono il migliore!" Adesso prova a constatare come ti senti.

A chi regalo oggi un'amorevole parola?

(oggi facciamo qualcosa di diverso ...)

Noi, le persone umane, siamo proprio esseri molto speciali.

Critiche, naturalmente sempre a fin di bene, consigli ed insegnamenti amorevoli, li abbiamo sempre a portata di mano, purtroppo anche troppo spesso.

Ma quando è stata l'ultima volta, in cui hai cercato in un'altra persona qualcosa di particolare, unico, positivo e stimolante?

Esegui il seguente ed affascinante test:

"Presta attenzione alle qualità delle persone che ti circondano, a casa e sul posto di lavoro. Le qualità che ti colpiscono positivamente meritano veramente di essere lodate. Regala generosamente dei complimenti e sussurra all'orecchio parole gentili.

Scrivi alla tua partner/al tuo partner, con un rossetto rosso fuoco sullo specchio del bagno, la frase "Ti amo." E poi con curiosità lasciati sorprendere dalla reazione.

Osservati attentamente, ascolta quali emozioni stanno crescendo dentro di te, come ti senti e poi decidi; "Quando vuoi concederti nuovamente una giornata così eccitante?"

Te la sei veramente meritata!

Fai qualcosa di buono e parlane

(Peter Suter)

Fai attenzione alla successione, perché è decisiva.

"Prima fare, poi parlare!" Non fare, come molte persone che sono solite raccontare tutto a tutti, per poi spesso non fare nulla. Chi prima parla, sta cercando delle conferme.

Non è ancora convinto delle sue idée.

Avvertimento: "Questa situazione è molto pericolosa per la tua idea!"

Se ora ci fosse qualcuno che dubita della tua idea, probabilmente riuscirebbe a reprimere già alla nascita le idée più brillanti. Riuscirebbe a creare in te dei dubbi deleteri!

Completamente diverso ed estremamente positivo, è il parlare di un'opera completata e già compiuta! Questo significherebbe regalare energia ad una cosa, accrescerla e ampliarla, risvegliare in altri l'entusiasmo e forse anche un po' d'invidia, - senza per questo mettersi egoisticamente al centro dell'attenzione.

È solo una questione di quando e come ne parli!

A proposito:

"L'invidia bisogna saper guadagnarsela!"

Liti, ira, rabbia e odio: come altre persone ti derubano le tue energie

(profezie di Celestino III.)

Quando tu litighi, ti arrabbi, sei adirato o in collera, automaticamente, la tua preziosa energia viene indirizzata alla persona, che provoca in te questi sentimenti.

La prossima volta, presta attenzione a come ti senti fisicamente dopo un avvenimento di questo tipo.

Ti senti forse forte, equilibrato e carico d'energia?

Penso proprio di no!

Se per caso, dovessi ritrovarti anche tu in una situazione simile, prova a fare uso delle seguenti idee.

Abbraccia l'altra persona con affetto e digli: "Se hai bisogno di energia, la puoi avere da me senza alcun problema."

Se questa soluzione non fosse possibile, allora respira profondamente e poi pensa: "Mi sono arrabbiato e infuriato, ma nonostante tutto, trovo qualcosa di piacevole e di bello anche in questa persona".

Lo credi difficile? Può darsi, ma di straordinaria efficacia.

Chi ha paura, ha già perso

La paura, può essere una delle emozioni più terribili e deleterie che noi conosciamo. In altri casi tuttavia, la paura può difenderci e stimolarci.

Di che tipo è la tua paura? Ti aiuta a continuare, motivato e risoluto? Oppure ti paralizza?

Rispondi alle seguenti domande:

- Hai forse paura o dubbi, di un possibile risultato?
- Hai altri tipi di timori o dubbi?
- Come sarebbe la tua vita, se ciò di cui hai paura non accadesse mai?
- Che cosa sarebbe, la peggior cosa che potrebbe succedere se i tuoi timori si avverassero?
- Sarebbe poi veramente così grave?
- Che cosa puoi fare proprio ora, per diminuire o eliminare questi timori e paure?

“Paura significa, concentrarsi sulla cosa sbagliata! Tu volgi le tue energie su qualcosa che non desideri avere!”

Chi serba rancore, si porta dentro di se affanno e disagi

Come già detto, noi esseri umani, siamo veramente dei tipi speciali. Quante volte ci arrabbiamo e ci portiamo dentro, anche per anni, questa rabbia verso gli altri?

E chi dei due ha il maggior lavoro, quello che porta rancore o l'altra persona? Nessun animale farebbe così.

La buona notizia: "C'è una soluzione a questo problema e si chiama "perdonare!"

Nonostante il "perdonare" sia di un'efficacia inaudita, sembra essere una delle cose più difficili che noi cono-sciamo. Un' altra cosa importante e da non dimenticare del "perdonare", è l'effetto incredibilmente salutare che produce.

Non saper perdonare porta molto spesso a tensioni muscolari, ulcere o addirittura tumori! Vuoi anche tu avere questo?

Lo so che il perdono sembra più facile di quanto lo sia in realtà e quando lo devi dare, ti sembra incredibilmente difficile. Perciò prova questa soluzione: "Immaginati, il tuo amato bambino interiore desidera incontrare il bambino interiore dell' altra persona e stringergli la mano e chiedere perdono".

Se funziona? Provalo!

Tutto è difficile, prima che diventi facile

Quante volte ti è già capitato, che delle persone ti abbiano detto: "Caspita, quello che fai è veramente difficile, io non ci riuscirei mai." E tu hai risposto: "Ma no! È molto facile".

Perché? Perché tu padroneggi ciò che fai e perciò ti sembra facile. Questo vale per tutte le cose. All'inizio ci sembrano difficili, perchè non abbiamo ancora la pratica necessaria.

Più c'esercitiamo, più ci sembra molto facile e semplice. Si! A dire il vero potremmo affrontare ben altre sfide.

Non importa quali intenzioni tu abbia: "All'inizio può, anzi ti deve, sembrare difficile." Se non è così, vuol dire che il tuo traguardo, il tuo desiderio, la tua sfida, il tuo sogno ... è troppo piccolo.

Puoi crescere e progredire solo con cose che t'incentivano.

Il duro e faticoso lavoro nel vigneto, il sudato raccolto maturato al sole, la cura amorevole del succo dell'uva, così come l'assaporare le nobili e preziose gocce dal sapore pieno dopo l'adempimento del lavoro quotidiano. Tutto è importante.

Ti meriti di goderti in santa pace l'equilibrio tra lavoro e divertimento

Non siamo forse un po'pazzi? Lavoriamo e sfacchiniamo per giorni e notti intere senza concederci pause.

Molto spesso ci scordiamo della famiglia, degli amici e anche del mangiare. E se una volta ci permettiamo di andare più tardi al lavoro, ci sentiamo subito in colpa e abbiamo la coscienza sporca. Questo non è assolutamente giusto!

Noi sappiamo bene, che ci siamo meritati la pausa ma purtroppo dentro di noi c'è sempre questa"vocina" che con successo ci suggerisce delle sensazioni spiacevoli.

Hai anche tu già provato queste sensazioni oppure conosci qualcuno che si comporta così? Allora è arrivato il momento dell'autosuggestione: "Mi merito di godermi in santa pace e con la coscienza pulita, l'equilibrio tra lavoro e divertimento."

Scrivi questa frase su un cartoncino e ripetila almeno 50 volte al mattino e 50 alla sera. Fallo per un periodo di 4 settimane.

Ti stupirai!

Hai già un album dei sogni?

(Bodo Schaefer)

No? Allora è arrivato il momento! Inaugura proprio oggi il tuo album personale dei sogni. Fai la raccolta delle foto di tutto quello che tu desideri. Scrivi tutto ciò, che per te, è importante, tutto quello che nella tua interessante e avvincente vita, vuoi ottenere. Disegnali con forza e vivacità nella tua mente e nei tuoi sogni giornalieri. Fai un collage con queste illustrazioni e sfoglialo più volte al giorno: "Così sarà la tua vita." Automaticamente?

No, ma in questo modo imprimi nella tua mente un modello di base, questo è fondamentale per fare in modo che la tua vita desiderata o la tua vita da sogno, diventi realtà.

Lo sciocco guarda le illustrazioni e pensa: "Peccato, ma non sarà mai vero." L'intelligente si chiede: "Cosa posso fare per arrivarci?" Il più intelligente ha già un programma e l'intelligentissimo si chiede: "Che cosa posso fare oggi per ...?"

Se una scimmia si guarda allo specchio, non può apparire un santo

(Georg Christoph Lichtenberg, sulla fisiognomia)

Se un perdente si guarda allo specchio, non può certo apparire un vincente. Se un brutto si guarda allo specchio, non compare certo un bello. Se un operaio si guarda allo specchio, non appare certo un dirigente. Se allo specchio si guarda un collerico, non apparirà di sicuro una persona contenta. Se un povero si guarda allo specchio, non può certo apparire un milionario.

Come vedi è sempre la stessa cosa.

Ti viene sempre riflesso quello che tu ti aspetti, quello che tu pensi di te stesso e come ti senti!

Cambia i tuoi pensieri, cambia l'opinione su di te, cambia il tuo atteggiamento e vedrai riflettersi la persona che vuoi essere. Continua a fare questo fino a quando, nel profondo del tuo cuore senti che finalmente appare ciò che desideri vedere.

Il percorso per arrivarci è molto più corto e semplice di quello che oggi credi.

Si, tu sei veramente grande! Tu sei un campione! Tu sei prezioso!

Qualcuno ti ha fatto arrabbiare?

Qualche volta siamo veramente degli esseri particolari. Permettiamo regolarmente che qualcuno ci faccia arrabbiare. Questo significa che noi "scegliamo emozioni colleriche!"

Il paradosso è già riconoscibile nelle nostre parole: "Mi sono arrabbiato." Mi (da solo) sono arrabbiato! Questo è veramente ridicolo. Nessuno al mondo, ti può far arrabbiare se tu non lo permetti. Lo devi fare da solo, se veramente lo vuoi.

Nonostante ciò, noi lasciamo che gli altri abbiano il potere sulle nostre emozioni. Prova ad essere sincero. "Come ti senti, quando ti sei arrabbiato?" Pieno di energia, forte e motivato oppure senza energia, senza forza e forse demotivato?

La miglior che cosa tu possa fare è prefiggerti: "Oggi non mi arrabbio."

Oppure espresso in modo positivo: "Oggi rimango tranquillo e disteso. Io stesso controllo le mie emozioni, non importa chi o cosa mi aspetta!

E se nonostante tutto ti dovessi nuovamente arrabbiare, impara ad aggiungere una frase positiva. Per esempio: "È veramente un idiota, però devo ammettere che ha una bella automobile." Ti chiedi a che cosa possa servire? Facendo così, il tuo cervello collega qualcosa d'irritante con qualcosa di piacevole e ti sentirai subito meglio.

Provalo! È vero, quello che produce effetto!

Lasciar perdere, ma come?

Lasciar perdere può voler dire:
• Accetta la situazione attuale! È così com'è. Non puoi cambiare il passato. Ma il modo e la maniera con cui oggi lo ricordi, influisce in modo essenziale sul tuo futuro.

• Non condannare! Condannare significa "non accettare" e quindi fermare e dare valore alla cosa.

• Non concentrarti su un determinato percorso! Questo significa delimitarsi. Una meta chiara? Si, ma il percorso deve essere flessibile.

• Non avere dubbi sul raggiungimento della meta. Perciò stabilisci delle mete a cui puoi credere!

• Elimina dalla tua vita tutto quello che non ti serve più, per esempio, quello che da un anno non hai più usato. Questo significa fare spazio per cose nuove e per le cose desiderate.

• Non devi "Voler aver ragione" per dimostrare che gli altri hanno torto.

• Liberati dal pensiero del "Voler vincere", perché più riesci a lasciar perdere durante un gioco, più paradossalmente aumentano le tue possibilità di vittoria.

Imparare velocemente? Prenditi dei modelli!

Quando hai ottenuto i più grandi e veloci insegnamenti nella tua vita? Giusto, quando ancora eri un neonato e poi un bambino curioso e pieno di voglia di saper, sei andato alla scoperta del mondo assorbendo tutto quello che vedevi.

Hai imparato a mangiare, parlare, camminare, correre, telefonare e hai imparato come comportarti in certe situazioni. Come hai fatto? Hai osservato i tuoi genitori, hai studiato il tuo ambiente, semplicemente hai imitato tutti, finché anche tu ci sei riuscito a farlo. Nella NLP (Neuro Linguistic Programming) chiamiamo questo: "Tu, hai imitato!"

Questo funziona bene ancora oggi esattamente come nella tua infanzia.

Desideri avere successo nel tennis, nel golf, nell'atletica, nel calcio e nel tuo lavoro? Allora cercati dei modelli, persone che sanno fare quello che desideri fare anche tu. Imitali!

Comportati allo stesso modo. Abituati alle stesse cose e festeggerai gli stessi successi. Come vorresti essere?

Hai bisogno immediatamente di più energia?

Allora bevi dai 2 ai 3 litri d'acqua al giorno. Il nostro corpo è composto per il 70% d'acqua. È perciò logico, di che cosa ha bisogno il nostro corpo.

Acqua a sufficienza vuol dire: "Migliore digestione, sangue più fluido, i tuoi collegamenti nervosi reagiscono meglio, il tuo cervello funziona più velocemente e tu ti senti più energico e vitale." Un effetto indiretto ma piacevole, è che molto probabilmente riesci a sbarazzarti dei tuoi renitenti e penetranti mal di testa (nel caso ne soffrissi), perché questi sono il più delle volte dovuti alla mancanza d'acqua.

E ora passiamo all'ossigeno: La prossima volta che ti senti debole e senza energia prova il seguente consiglio: "Conta fino a 6 mentre inspiri profondamente, trattieni il respiro e conta fino a 24, poi espira contando fino a 12." Ripeti l'esercizio 3 volte. Potresti avere un leggero giramento di testa. Dopo però, ti sentirai più in forma.

"Val più la pratica che la grammatica" (prov.).

Furioso o arrabbiato?

Allora prova la seguente ricetta brevettata.

Immaginati questa persona o la spiacevole situazione e esprimi a te stesso la seguente frase: "La pace sia con te". Vedrai, ti sentirai subito meglio e provi immediatamente una piacevole sensazione calmante. Ti sembrerà strano, quasi misterioso, ma non lo è. Nella NLP (Neuro Linguistic Programming) chiamiamo questa forma di fissaggio "chaining-anchor".

Il tuo cervello collega in questo momento le immagini della rabbia e dell'ira con la frase speciale appena espressa che ha prodotto emozioni piacevoli. L'efficacia di questa frase è così forte, perché è stata già ripetuta e coniata milioni e miliardi di volte e ogni settimana viene di nuovo pronunciata.

Dal punto di vista della fisica quantistica ti rifai ad un campione di effetti ampliamente sperimentati e molto validi. Chiedi se questo funziona veramente?

Solo l'esperimento che tu farai su di te, lo può provare.

"La pace sia con te!"

Bestseller in diverse lingue

Siamo lieti di contribuire
al vostro relax
ed al vostro benessere.

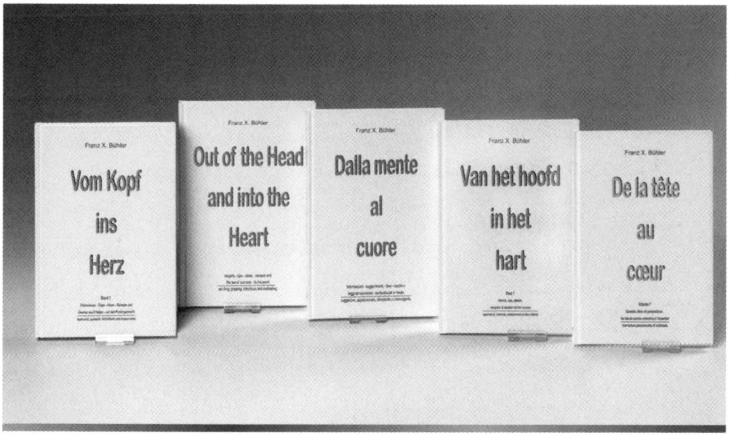

Il regalo con l'apposita
pagina per la dedica
personalizzata.

Vom Kopf ins Herz
ISBN 978-3-941633-10-0

Out of the Head and into the Heart
ISBN 978-3-941633-12-4

Dalla mente al cuore
ISBN 978-3-941633-13-1

Van het hoofd in het hart
ISBN 978-3-941633-19-3

De la tête au cœur
ISBN 978-3-941633-20-9